U0347239

让孩子受益一生的
学习习惯

付曙宸　著

机械工业出版社

这本书旨在通过一系列具体的策略和方法，培养孩子良好的学习习惯和积极的学习态度，从而帮助孩子提升学习效率和效果。书中从点燃学习热情、制订学习目标与计划，到预习、听课、复习、写作业以及考试等环节，都提供了实用的指导和建议。这本书不仅教授了具体的学习方法，更重要的是，它强调了家长的陪伴、理解和支持在孩子学习过程中的重要性。

本书希望帮助家长与孩子建立一种积极、健康、和谐的学习关系，通过有效的沟通和引导，激发孩子的学习兴趣和动力，从而让孩子在快乐中成长，在成长中成功。同时，希望通过这本书，让家长认识到自己的成长和进步对于教育孩子的重要性，形成共同成长的教育理念。

图书在版编目（CIP）数据

让孩子受益一生的学习习惯 / 付曙宸著. --北京 ：机械工业出版社，2024. 11. -- ISBN 978-7-111-76982 -8

Ⅰ. G791-49

中国国家版本馆CIP数据核字第202472C96D号

机械工业出版社（北京市百万庄大街22号　邮政编码100037）
策划编辑：梁一鹏　　　　　责任编辑：梁一鹏
责任校对：郑　雪　刘雅娜　责任印制：李　昂
河北京平诚乾印刷有限公司印刷
2025 年 1 月第 1 版第 1 次印刷
148mm×210mm·7 印张·1 插页·125 千字
标准书号：ISBN 978-7-111-76982-8
定价：58.00 元

电话服务　　　　　　　　网络服务
客服电话：010-88361066　机 工 官 网：www.cmpbook.com
　　　　　010-88379833　机 工 官 博：weibo.com/cmp1952
　　　　　010-68326294　金 书 网：www.golden-book.com
封底无防伪标均为盗版　机工教育服务网：www.cmpedu.com

序

我一直坚持一个观点，分数是水到渠成的。如果把学习想象成一个金字塔，分数仅仅是金字塔的塔尖，在分数之下还有若干个关键要素。

首先是学习方法。学习方法是让学习变得更高效的一些策略和方法，在分数之下，跟分数直接相关。不管哪个学科，只要掌握了正确的学习方法，就会对学习有莫大的帮助。比如，语文晨读。如果善于晨读，重点读每个单元要求背诵的篇目，在读的过程中采用"指、看、读"的方法，无论是语感建立、晨读效率还是记忆效率都会大幅度提升。

其次是学习习惯。学习习惯在学习方法之下，包括计划与目标管理、预习管理、听课管理、复习管理、作业管理、考试管理。

当孩子制订了目标和计划，就能少做很多无用功，学习效率也会大幅度提升。计划和目标管理需要结合具体科目、具体试卷，做精准的分析，倒推出科学的计划与目标体系。

课堂才是孩子的"主战场"。如果不重视课堂效率而疯狂去抓课余时间，这是本末倒置。提升课堂效率，课前、课中、课后，每个环节都要引起重视。

预习和不预习会引发两种结果。如果孩子不预习，都不清楚第二天上课讲什么，一定会影响学习效率；如果孩子预习，对课上老师要讲的内容有所了解，知道哪些是重难点，就能有目的地去听讲。

知识的掌握程度逐层递进，分成基本掌握、熟练掌握、深度掌握和举一反三。复习和作业是重要的强化方式。

根据艾宾浩斯遗忘曲线，人的记忆保留是有一定比率的。不管学习什么内容，一段时间后肯定会忘掉一部分，时间长了可能会全部忘掉。要想不遗忘，抓住每个关键时间节点，科学复习，尤为关键。

家长在辅导作业的过程中，要系统掌握作业的辅导步骤，孩子才会愿意主动写。如果孩子拖拉磨蹭，家长要有步骤、有策略地引导孩子写作业，传授方法比写作业本身更加重要。

考试管理包括心态管理和技巧管理。除了中考、高考外，平常的考试都是小考，对心态有一定的要求，两次大考对心态的要求会更高一些。至于技巧，家长和孩子只要注意平时的一些习惯，在考前保持不变就可以了。

由此可见，这六大学习习惯，对孩子的学习都是有很大

序 V

帮助的。

再次是学习动力。学习习惯下面是学习动力，两者是相辅相成的关系。没有学习习惯，只有学习动力，就相当于汽车能开，但不一定开得好；只有学习习惯，没有学习动力，就相当于汽车没有油，就算开得再好，汽车也跑不起来。

最后，除了学习方法、学习习惯、学习动力，家庭系统对孩子的学习也会有很大影响。

家庭系统主要包含亲子关系和夫妻关系。好的亲子关系，会对孩子的成绩有所助力。夫妻关系比亲子关系更重要，它是一个家庭的"定海神针"。如果夫妻关系不好，爸爸妈妈经常发生冲突，孩子的情绪就会不稳定。如此一来，亲子关系就会受到干扰，从而导致孩子学习动力不足、学习习惯难以培养、学习方法无法落地，孩子的学习成绩就会越来越糟糕。

我希望家长通过这本书能够知晓，分数仅仅是结果，学习方法、学习习惯、学习动力、家庭系统，其实更加重要。把这些要素搭建好了，孩子自然就能筑起学习的高塔！

付曙宸

目　录
contents

第一章

点燃学习热情，让孩子主动学习

第一节　用自己的心，唤醒孩子的那颗心

孩子的学习过程中，"学习动力"的培养是重中之重。学习动力之于学习，就像是发动机或电池之于机动车。

没有发动机或电池，再漂亮、再昂贵的车也无法正常行驶；孩子没有学习动力，任何学习方法、技巧都不过是空中楼阁而已。

激发学习动力有这几个误区。

如今，越来越多的家长已经意识到学习动力的重要性，但在尝试激发孩子学习动力的过程中，依然会陷入一些误区。

第一个误区，认为孩子的学习动力是天生的。有些家长理所当然地认为，学习动力的强弱是与生俱来的，家长对此起到的作用有限。实际上，动力是可以后天激发的，只是家长没有找到正确的方法。

第二个误区，认为只需要从一个方面入手，就可以激发孩子的学习动力。有些家长认为，只要给孩子一些言语或物质激励，就能激发起孩子的学习动力。但激发学习动力是一

个系统工程，包括夫妻关系、亲子关系、孩子的心理营养、家庭布局、家校结合、情绪管理、精准养育等多种要素，都对其产生影响绝对不是靠单打一个点，孩子就能主动学习。

第三个误区，也是最大的误区，家长觉得孩子掌握了方法、技巧，就会充满动力。实际上，在动力激发这件事上，所有的方法、技巧所起的作用，也不过20%~30%。

真正能激发孩子动力的关键，在于家长能安静下来，走进自己的内心，用自己的心去唤醒孩子的那颗心，唤醒孩子内在的力量。

怎么做，才能正确激发孩子的学习动力呢？

在生活点滴中培养学习动力。

孩子的学习动力，是从家庭生活、家庭教育等多个维度，在点点滴滴中培养出来的。比如，可以通过改善夫妻关系、亲子关系、家庭布局等方面，来唤醒孩子的良知，激发孩子的内在力量，让孩子主动学习。

具体怎么做呢？我认为家长可以从以下几个方面下功夫：

第一个方面，夫妻关系。

王阳明说，人心深处有良知。要想唤醒孩子的良知，前提是爸爸妈妈要相互恩爱。只有这样，孩子的内心才会足够安定，心里的力量才会显现出来，并逐渐形成巨大的内驱力。

因此，给孩子最好的礼物是爸爸爱妈妈，妈妈爱爸爸。孩子是环境的产物，夫妻关系对于孩子学习动力的培养至关重要。

第二个方面，亲子关系。

在亲子关系中，爸爸代表着目标，代表着事业。如果孩子的学习、生活从小到大都有爸爸的深度陪伴，孩子和爸爸关系特别好，优质的"父系力量"很充足，那么，当孩子在学习中遇到困难时，他的内心不仅稳定，还会有内在力量驱使他克服困难。

妈妈代表着社会关系，代表着人际交往。如果妈妈给予孩子充足的爱，这份爱不是宠爱、不是骄纵、不是溺爱，而是真正发自内心的爱，优质的"母系力量"很充分，那么，孩子就会在人际交往中占有优势，与同学、老师都能搞好关系，学习动力也会很足。

第三个方面，家庭布局。

在家庭布局中，有两个点很关键：

第一点，学习动力定型。在心理学上，有一个著名的巴甫洛夫实验，讲的是条件反射。具体到各种场景中，会有不同的体现：医生到了医院，穿上白大褂，就知道可以接诊了；生产线的工人戴上安全帽，穿上工服，拿起钳子，就知道要干活了。

学习动力定型，也是利用条件反射，在特定的地点、特定的环境，利用特定的工具，促使特定行为的发生。

可是，很多家长经常意识不到给孩子提供一个固定的写作业空间的重要性。客厅、书房，甚至办公室、书店等地方都会用来让孩子学习。不断变换的场景，让孩子难以形成条件反射，学习动力定型自然无从谈起。

那么，家长正确的做法是什么呢？我给家长几个小建议：

写作业的场所一定要稳定。孩子写作业，要有一个稳定的地方，比如书房。如果家里没有书房，可以在客厅用帘子隔出一个空间，专门给孩子学习用。

准备一张写字桌。写作业的桌子，千万不要将就，要四四方方的，最好是实木的，让孩子一看见，就感觉有书香气息。有条件的话，可以再准备一个小架子，用来固定书本或者翻书。

准备一个暖色系的台灯。暖色系台灯可以营造一种温馨、舒适的氛围，让孩子学习的时候感觉温暖、轻松。

准备一把稳定的椅子。注意，千万不要给孩子准备轮滑椅！那会让孩子人不稳，心不定。最好用四条腿固定的椅子，身子稳了，心也就定了。

配置一张软软的地毯。很多小朋友喜欢光着脚丫写作业，有的父母会质疑他们为什么不穿袜子，有的父母会主动帮孩子把袜子穿上。有智慧的父母，会在地上铺一张毛茸茸、软软的地毯或者是电热毯。

做好上述准备之后，只要过上一段时间，比如一个月之后，父母就会发现，孩子只要到了学习的房间，坐在那个固定腿的椅子上，脚踏毛茸茸的地毯，台灯一开，很快就会进入学习状态。这就是学习动力定型的作用。

第二点，藏书万千。榜样的力量是无穷的，环境的影响是巨大的。如果家长不买书也不学习，孩子没有榜样，家里又没有氛围，孩子自然也不会选择看书，学习动力就会慢慢消失。

如果夫妻两人都喜欢看书，书房里都是书，沙发上摆着书，地板上有书，床头也放着书，家里处处都有书，真的做到藏书万千。在家时，夫妻都是看书而不是刷手机，家里自然而然就会有书香气息。

一旦孩子走到哪里都是书，面前只有看书这一个选项时，手机、电视、游戏是很难有"生存空间"的。而读书会使他获得内在的提升与成长。

做好家校结合，和老师一起为孩子助力。

激发孩子的学习动力，还有一个关键点，就是做到家校结合。孩子是家庭环境、学校环境、社会环境的产物。对孩子而言，除了家庭环境，最关键的就是学校，但是很多家长忽略了。在学校中，一个老师的精力是有限的，面对班上的四五十个孩子，老师不可能真正做到平等对待，一定会有所侧重、有所区分。

以我自己为例，我也经常辅导孩子，当我提问的时候，底下坐着的小朋友会眼巴巴地看着我，我真的不知道选谁回答。但是，当我突然看见张三，想起他家长昨天和我的交流，无形中就会增加让张三回答问题的概率。从这个角度说，父母能处理好和老师的关系，对孩子真的会有帮助。

当然，我也知道，有些家长在处理和老师的关系时，确实会遇到一些障碍。比如，有的家长没有时间跟老师交流，还有的家长不知道怎么和老师交流、害怕跟老师互动。对此我想说的是：方法总比困难多。

关于如何和老师处好关系，做好家校结合，送给家长几条小建议：

第一，参加家委会，可以名正言顺地增加跟老师交流的机会。

第二，积极参加班级活动来协助老师。之前，我儿子班上举行一个活动，有几个妈妈一起买了 50 个汉堡送过去，给老师留下了非常深刻的印象。

第三，接送孩子时，如果条件允许，哪怕两三分钟，也要和老师交流一下。

第四，也是特别重要的一个建议，就是想办法创造一些机会，邀请老师家访。到目前为止，我家访了大概 100 多个家庭。这个过程中，让我印象最深刻的有两点：一是家访和不家访有天壤之别，只要家访过，下次再见到家长时感觉是不一样的；二是家访时聊得时间越长，对家长的印象越深刻。

当家长把这四条做到位后，接下来就可以和老师聊聊另外两件事情了。

第一件事情，可不可以多给孩子一些发言机会。各科老师每天分别多给孩子一次发言机会，一年就多了好几百次。在这几百次的叠加之下，孩子的自信心会变得更加强大，对学习的热情也会更加高涨。

第二件事情，能不能给孩子一个担任班干部的机会。很多父母认为，孩子当班干部会影响学习。这样的想法显然是错误的。

我认识一个孩子，在合肥经开区读小学，原来在公共场合都不敢讲话，受到一点儿不公平的待遇就会"炸毛"。我给家长提了一个建议，与其每次都怪孩子，不如试着跟老师多做一些交流和互动。

家长和老师的沟通多了之后，孩子在课上发言的机会多了，也敢于在人多的场合发言了。后面，他慢慢成了大队长。在一次学校的重要活动中，他作为核心负责人之一却没有机会亮相，换作以前，他肯定会发脾气。但那一次他不仅没有发脾气，还跟妈妈讲："我是活动的总负责人，我亮不亮相并不重要，这个活动能圆满结束，就是我最大的收获"。

这件事从某个侧面反映了，从小学经过当班干部历练的孩子，上了初中、高中后，即使遇到困难、挫折、竞争、纷争、偏见，也会有足够强的抗压能力。

对家长而言，做好家校结合，不只是单纯和老师搞好关系，更是要看到这个行为能给孩子带来的帮助。

这里，我想告诉大家的是：不管你学了多少激发孩子学习动力的方法、技巧，那只是一个方面。最核心的还得看家长能否用自己的心，去唤起孩子的那颗心。

问题是，家长会用心吗？

第二节　读懂孩子性格类型，精准激发学习动力

根据性格的不同，孩子主要可以分为目标型、人文型、配合型、探索型、分享型等。不同类型的孩子，性格特点差异巨大，激发其学习动力的方式也不一样。家长要基于其大脑的特征，实施精准养育，才能更好激发孩子的学习动力。

目标型孩子，需要空间和自由。

目标型孩子，普遍有以下几个特征：第一，强势，要求

别人听自己的，自我驱动、自我决策，不喜欢被命令、被安排；第二，要当第一、要当老大；第三，特别反感条条框框，不希望被束缚；第四，脾气大，还很容易"炸毛"；第五，崇拜强权，如果家长不爱学习，进入 4 年级后，他可能就瞧不上家长了；第六，有自己的想法，比较"轴"，爱钻牛角尖。

目标型孩子，会走向两个极端。这类孩子要么特别优秀，要么彻底摆烂，取决于家长是否懂孩子。

我有一个学员，她的儿子现在上 7 年级，也是目标型孩子。有一天，妈妈为了让他专心学习，把家里网断了，还把路由器收走了。但这个孩子找了一大堆工具，愣是把网接通了。这个故事充分体现了目标型孩子的优势——有想法，且执行力强。

应对目标型孩子，对家长的要求比较高，很"费妈"。他们一生都是以事情为主导，而非以人为主导。因此，家长在激发孩子学习动力时，要给他们空间、给他们自由，让他们慢慢成长。

给家长几个具体的小建议：

1. 家长要跟老师连接到位，让孩子在学校有更多的锻炼机会。比如做班干部。

2. 不要安排他们做事，而是问他们：这件事情你想怎么办？要讨论，要让孩子有足够的被尊重感和参与感。

3. 家长不要试图掌控孩子，要学会示弱，给他们当老大的机会。比如，你正在做一件事情，可以试着跟孩子说："我真不会，你教教我吧"。

4. 家长要善于引导，帮助孩子拆解目标。但要清楚只有遭受挫折或失败时，他们才更容易听得进建议。

5. 家长要快速成长，有条件的可以带孩子参加各种峰会，见各行业的领袖，见各领域的强者，培养孩子宏大的世界观、人生观、价值观。

对于目标型孩子，家长始终要记住：掌控感是核心，给孩子空间、时间和自由，孩子会慢慢强大起来。进入 8 年级，孩子天然的领导力、号召力、影响力就显现出来了。

人文型孩子，需要共情。

人文型孩子，具有以下特征：第一，相对安静，不活跃，比较"听话"；第二，尤其需要情感关注，用心陪伴，谁对他好，他对谁加倍好；第三，不喜欢压力和冲突，喜欢和谐的人际氛围；第四，重感受，感觉好才能做得好；第五，善良，有大爱，同理心强，孝顺；第六，容易受到环境的影响，"近朱者赤，近墨者黑"。如果周围都是尖子生，他们也能成为尖子生；如果周围都是差等生，他们成为差等生的概率也很高。

面对这一类孩子，家长想要激发他们的学习动力，需要给他们足够的肢体连接、足够的语言共情、足够的时间陪伴、足够的滋养和温暖。只有这样，孩子才会表现出很强烈的"士为知己者而战"的愿望。

在日常生活中，家长要重复做一件事，每天早晨起来和晚上回到家之后亲一亲、抱一抱孩子；在孩子委屈的时候搂着他、看着他，不断跟他共情。当孩子被老师批评，或者遭受同学恶语相向时，家长除了肢体连接、语言共情之外，更重要的是，陪在他们身边。当你这样做的时候，会给孩子带来特别强烈的安全感，和孩子的关系也会变得更好。

总之，要想激发人文型孩子的学习动力，"情感陪伴"是核心，家长需要把共情做到位。当父母对他的情感以及整个家里的情感氛围都具备时，孩子的执行力很强，做事情也很容易坚持到底。

配合型孩子，需要让他感到学习很有趣。

这种类型的孩子，能够主动适应环境（人或事），内在有想法并希望和别人交换想法（商量与讨论）。他们兴趣广泛、爱好多样化，喜欢好玩的、有趣的、令人开心的事物。针对这类孩子，家长要做的就不是给空间，也不是给情感了，而是尽量多进行平等的讨论，让他感到学习很有趣。虽然每个孩子都喜欢有趣的东西，但是对配合型孩子尤为明显。如果老师或者家长诙谐幽默、喜欢互动，还能调动气氛，孩子学起来就会超级开心、超级有动力。

探索型孩子，需要被肯定。

探索型孩子喜欢自我思考、自我琢磨、自我研究。这类孩子喜欢依靠自己的力量独立完成事情。他们极其渴望被肯定，对外界否定很敏感。对这类孩子，家长要做的就是，持续肯定，让其感觉有能力，效果会特别好。虽然每个孩子都喜欢被肯定，但是对于探索型的孩子，少否定，持续地肯定更加重要。

分享型孩子，需要足够多的掌声和鲜花。

分享型孩子，最大的特点就是，需要被认可，喜欢被鲜花和掌声围绕。他们乐于分享、表现，并且期待因此而得到鲜花和掌声。这种被认可的感觉会激励他们坚持下去。家长可以在家里给他一个小讲台，拉上一个大横幅，再来一个大白板，然后，家长搬一个小板凳坐在下边，让孩子分享。孩子一讲完就鼓掌，只要你的掌声足够响，鲜花足够多，孩子学习的动力必定十足。

不过，孩子的性格是复杂的，以上的性格特征或许会叠加，也会处于不断变化的过程中。

比如，有的孩子既有目标型的特征，也有探索型的特征。家长在激发孩子学习动力的时候，就要从两个方面施策，既要给空间，也要给肯定，万万不能断然否定。

亲爱的家长朋友，请记住，只有懂孩子，才能真正引导好孩子。

读完这一小节之后，家长们不妨问问自己，你对孩子的养育模式是什么样的？

第三节　用心陪伴，孩子自会变优秀

父母陪伴孩子，常见的误区有哪些？

父母的陪伴，在孩子学习、成长的道路上必不可少。但很多家长对此不够重视，甚至会陷入一些误区。

第一个误区，追求短平快。要求孩子快点儿搞定，甚至是立马搞定。这样的家长，内心是焦虑的，情绪是容易"炸毛"的。在这种成长环境里，孩子不可能有动力去学习。

第二个误区，希望立竿见影地看到陪伴的效果。很多家长经常会说：不要跟我说那么多道理，教我一招就行；不要跟我分析那么多背后的原因，给我两个方法就行；不用跟我讲那么多虚的，给我几个能直接搞定孩子的技巧就可以。

这些家长总以为我们有太上老君的灵丹妙药，孩子吃了之后，成绩就会直接从差等到优秀，学习动力就会直接从无到有。实际上这是不可能的。

　　第三个误区，觉得孩子小的时候需要陪着学习，大了就不用陪了。很多家长问我，孩子几岁以后就不用陪伴学习了？在我看来，这是一个伪命题。如果一个8岁的孩子，拥有自主学习的能力，就不需要陪；如果一个14岁的孩子，还没有自主学习的能力，就还是要陪。也就是说，是否陪伴孩子学习，不能以年龄为界定，而是要看孩子是否具备自主学习能力。

　　第四个误区，陪伴的时候，太追求形式、结果等一些外在的东西。陪伴的目的，是给予温暖，唤醒动力，传授技能，训练孩子。家长如果静下心来，是能够感受到孩子那一颗真心的，甚至可以感受到孩子内心的需求，然后用自己的心去唤醒孩子的心。

　　我坚信，不管是家庭还是事业，都来自心的修炼。家长要用心引导孩子，遇事时向内探索，寻找新的答案，寻找新的智慧。

　　高质量陪伴的五个维度。

　　那么，什么样的陪伴才是有效的呢？衡量陪伴是否有效，关键在于质量。而对高质量陪伴的定义，可以通过以下几个维度进行判断。

　　第一个维度，跟孩子有肢体上的连接。

　　家长只要和孩子有肢体的链接，他们就会感受到无比强大的力量。

不同年龄段的孩子，适用不同的肢体连接方式。孩子 8 岁之前，家长可以陪伴孩子睡觉。孩子 8~10 岁时，亲吻、搂抱，都是很好的肢体连接。孩子 10 岁以后，如果孩子愿意，搂一搂、抱一抱孩子也没问题；如果孩子不愿意，家长只需要在走路的时候挽着孩子的胳膊或是搭着孩子的肩膀，或者保持比较近的距离就可以了。

把手搭在孩子后背上，会让孩子感觉到有足够的力量支撑，这会让他面对困难时更有勇气。

当然，拥抱也是一个很好的肢体连接的方式。其中有几个小细节，大家需要注意一下：

第一，每天至少拥抱三次；

第二，每次拥抱至少 30 秒；

第三，紧紧拥抱，传递温暖；

第四，在拥抱的过程中，用语言做一次传递，效果会更好。家长可以试着把心静下来，轻轻地对孩子讲："宝贝，我爱你。"或者结合最近发生的事，对孩子说："宝贝，不管怎样，不管成绩如何，我永远爱你。"

第五，用心拥抱。如果前四个细节都做到了，却一点儿效果都没有，大概率是因为家长没有用心拥抱。只有当你抛弃目的性、功利性、思绪和想法，用心去抱孩子的时候，孩子才会接受你的温暖，拥抱才会有效果。

相同的肢体连接，不同的人使用，效果会千差万别。对孩子的陪伴效果，取决于家长的用心程度。

第二个维度，跟孩子在语言上做连接。

其中有几个要点：

第一点，爱要表达出来。中国的家长，爱得往往很深沉，不太愿意表达爱。我鼓励家长跟孩子表达爱，夫妻之间也要表达爱。当家长当着孩子的面，用语言表达爱时，孩子自然会感受到温馨的家庭氛围。

第二点，给孩子适当的口头表扬。比如，"宝贝，你这次考试得了优，真棒！""宝贝，你拿了奖状，为你开心！"当然，这种表扬要适度，就像糖果一样，偶尔吃一吃还不错，吃多了就有害健康了。

第三点，给予孩子更多的鼓励。鼓励可分为描述式鼓励、感谢式鼓励、启发式鼓励。具体的鼓励方法，要针对细节、过程做强化，我会在后面为大家详细展开讲述。

第四点，管理好自己的情绪。家长会不自觉地把工作压力带回家中，面对孩子的不足或错误时，会表现出催促、吼叫、打骂、刺激、威胁、控制等行为。这些行为就像一把把"刀"，且刀刀见血。如果你能把这六把"刀"收起来，会更利于孩子的成长。

第三个维度，有效地给孩子传递学习方法与技能。

家长陪伴孩子学习的目的，不仅仅是给予孩子支持和帮助，还要给孩子传递学习方法、技能，帮助孩子培养学习能力。

关于陪伴，也有几个层次：

第一个层次，30分的陪伴——追求速度，不断地催促，希望孩子再快一点。比如，让孩子赶紧预习、赶紧复习、认真听讲，貌似孩子天生就会做这些事情一样。但实际上老师没有教过，家长没有引导过，孩子根本不会。

第二个层次，50分的陪伴——追求质量，一定要都写对。孩子哪怕犯一个错误，都要受到严厉的批评。孩子对知识的掌握程度，不可能尽善尽美，家长应该允许孩子适当犯错。

第三个层次，80分的陪伴——父母做好引导。比如，教孩子怎么制定目标与计划，怎么预习，怎么听课，怎么写作业，怎么复习，怎么考试。

如果家长向孩子传递了学习的方法，并让孩子具备了自主学习的能力，那么，不管孩子是8岁、10岁还是12岁，家长就都可以放手了。

第四个维度，保证充足的陪伴时间，给孩子真正的心理滋养。

家长每天都要抽出一定的"留白"时间，去高质量地陪伴孩子。不要让自己的心绪被情绪干扰。你可以不用讲话，只是安安静静守在孩子身旁，用心陪伴孩子就可以了。

第五个维度，关注细节，用心关爱孩子。

在一些有特别纪念意义的日子，给孩子营造一些仪式感。

比如，在六一儿童节这一天，家长捧着一大捧零食形状的鲜花，到学校门口等待孩子放学，孩子看到后必定激动不已；又或者出差时记得带礼物回去，礼物不需要很多、很贵重，物品只是一个载体，背后传递的是你的心意。

孩子不喜欢家长陪的原因。

当然，也有另一种情况——家长想陪孩子学习，孩子却不喜欢。面对这种情况，一般的家长，会立马追问孩子，期待立刻解决；有智慧的家长，不会想着立马解决，而是会用心去看，用心去感受孩子为什么出现这种情况。

出现这种情况的原因有很多。比如，你在陪孩子的过程中，让他感受到学习的痛苦、精神的焦虑、身体的紧张。这表示你陪伴的方式出了问题，亲子关系也出了问题。如果你没有看到"不喜欢"背后的深层次原因，想再多办法都是无用的。只有找到这个根源，之后再去想解决方法，才能做到有的放矢。

遇到这种情况时，短期内，家长要尊重孩子的选择。孩子不想让你陪着，想关上房门，你就这么做好了。中期内，家长要通过上面讲的高质量陪伴的五个维度，想尽一切办法，去调解、缓和、修复、疗愈你跟孩子之间的亲子关系。当关系和谐后，孩子就愿意让你陪着学习了。

当然，如果孩子长期都不想让你陪着，作为家长，你也一定要放平心态。因为你在过往养育孩子的过程中，欠

"债"太多了，现在能做的事情，就两个字——还"债"。

具体怎么还"债"？就需要你改善夫妻关系、亲子关系、家庭氛围，以及关注个人成长，学会从走脑转向走心，从走心到感受孩子的心，再到满足孩子的需求，舒缓孩子的焦虑，填补孩子内在的空虚和匮乏。

只有这样，你才能让孩子曾经因为家庭受到创伤的心，慢慢得到滋养，并开始慢慢修复、慢慢成长，从一个很贫瘠的状态，渐渐变成很富足的状态。之后，你会发现，这个孩子根本不需要陪，样样都会做得很优秀。

多子女家庭中，应该这样陪孩子。

如果家里有两个或两个以上的孩子，每个孩子都要陪。但家长的时间和精力是有限的，那该如何陪伴呢？这里，我有几点建议送给大家：

第一，多子女养育，要学会"分而治之"。无论是老人帮忙带还是家长自己带，必要的时候，都要创造和孩子单独相处的机会。这样做，可以让孩子的心感受到足够的温暖和安定，而不会让孩子感觉原本属于自己的爱被分掉了。

第二，前面讲的高质量陪伴的五个维度，同样适用于多子女家庭。

第三，如果孩子之间打斗，家长不能说"你俩别打了，再打我揍你们"。比较好的办法是，让他们斗，斗到最后，家长再引导他们坐下来交流，探寻相处之道。其实，兄弟姐妹之间的感情会越斗越深。

同样是打斗，家长用眼看，就是矛盾；家长用心看，背后就藏着相处之道。

孩子出现问题的时候，从外界是找不到答案的，答案在家长心里。我们需要做的不是去指责孩子，而是回到心里做内观，去找孩子出现这个现象的因果链，了解孩子内在的本质需求，然后用自己的心去连接孩子的心。一旦做到这一点，孩子就会开始自动"巡航"，努力变好。

亲爱的家长，你要记住，陪伴孩子，不是为了陪伴而陪伴，而是为了孩子优秀而陪伴，当你真的用心陪伴，孩子自然会变得超级优秀。

第四节　激励孩子，要以心换心

家长要擅于通过激励去激发孩子的学习动力，促使他们尽自己最大的努力，去完成任务或实现目标。

常见的激励方式，主要有以下三种，家长可以根据具体情况进行选择。

恰到好处的表扬。

我们最常见，也最常听到的激励方式，就是表扬。当孩子表现出值得表扬的行为，尤其是在外人面前时，及时的表扬，比如夸孩子"你真棒"，能够更好地激励孩子。

但是，表扬就像糖果一样。糖果吃多了，会有蛀牙；表扬听多了，会导致孩子抗压能力特别差，玻璃心、嫉妒心特别强等。

我有一个学员，她总是夸女儿"你真棒""你真厉害"，女儿也就觉得自己很厉害，但不知道自己为什么厉害，更不知道别人为什么优秀，以至于她很难接受真正的失败。有一次，学校进行舞蹈演员选拔，本来她担当的是花蕊的位置，但由于她的一些细节没有做到位，最后这个位置被别人顶替了。她不能接受这个结果，就在地上撒泼打滚，老师很无奈，只好把家长喊过去。这就是表扬过多，导致抗压能力变弱，玻璃心越来越明显的案例。

随机的小奖励。

要想激发孩子的学习动力，家长还要给予适当的奖励。这个奖励，是针对孩子达成的某一个结果，偶尔通过物质给予的一种激励。

比如，有次我们全家要一起出门，我儿子总是拖拉，我爱人都快生气了。我对他说："儿子，现在赶紧出门，晚上吃肯德基。"他立马回答"好"，只要两分钟就收拾好出门了。

家长和孩子之间，很多时候不需要正面硬刚，一个小奖励就能快速拉近亲子关系。但奖励不能太贵重，也不要固定、持续地给予，只有随机性、偶发性地给予，才能达到预期的效果。

在什么情况下，可以给孩子一些随机奖励呢？主要有以下两种：第一种，孩子由于受生活经验所限，不能预见某种行为可能带来的后果，所以和家长很难达成一致；第二种，家长希望孩子按照某种方式做一些事情，但孩子有自己的思考，从而产生了冲突和矛盾。

随机奖励，可以是物质奖励，也可以是精神奖励。比如，一顿美食、一些零花钱、一场电影、一场演出等等。

鼓励过程和行为。

除了表扬和奖励，鼓励也是一种很有效的激励方法。这里的鼓励，指的是针对过程和行为进行的激励，目的是让孩子看到自身的能力。这种鼓励，就像阳光和水之于植物一样，多多益善。

下面介绍四种形式的鼓励，希望对大家有所帮助。

第一种，描述式鼓励。

家长要看见孩子学习、做事的过程和细节，并对这些过程和细节进行描述。比如，妈妈注意到，你今天晨读了 20 分钟，比昨天增加了 5 分钟，这就叫坚持；妈妈注意到，你今天晨读的时候一动都没动，这就叫专注；妈妈注意到，今天早晨你 6:10 起床，6:15 穿好衣服，6:20 开始晨读，一直读到 6:45，都没用妈妈提醒，这就叫主动。

第二种，启发式鼓励。

你可以问孩子一些事情是怎么做到的，让他分享自己的方法，这就是启发式鼓励。比如，妈妈注意到，你今天晨读 20 分钟一动都没有动，是怎么做到的？跟妈妈分享一下好吗？妈妈今天早晨都没有喊你，你就主动起床了，能跟妈妈讲一讲，你是怎么做到的吗？

第三种，感谢式鼓励。

感谢式鼓励，就是你要感谢具体的事情，让孩子感觉自己被关注、被看见了。比如，特别谢谢你，把菜从一楼拎到了七楼，让妈妈省了很多力气；特别谢谢你，在妈妈生病的时候帮我拿药、烧水；特别谢谢你，在妈妈身体累的时候给妈妈倒茶，还帮我打开了电视。

第四种，赋权式鼓励。

赋权式鼓励，就是家长对孩子有信心，并给予他们信心。

在使用赋权式鼓励时，需要注意两点：一、目标不能定得太高，让孩子觉得不可能实现；二、要有成功案例做支撑。

什么叫用成功案例做支撑？比如，宝贝，妈妈注意到，过去三个月，你每天晨读 20 分钟，语文成绩从 75 分提高到 85 分，接下来我陪你继续晨读三个月，争取从 85 分提高到 95 分，我对你有信心。加油！

　　我想提醒家长一点，不管是表扬孩子、奖励孩子，还是鼓励孩子，千万不要陷入功利心的误区，去追求短平快的方法。曾有家长反映，表扬、奖励或者鼓励孩子的时候，孩子的学习动力就好一些，没有表扬、奖励或者鼓励的时候，孩子的学习动力就下降了。原因就是家长追求短平快，导致孩子的内在力量没有被激发出来。

　　家长们要知道，表扬、奖励、鼓励的对象是孩子的心。要想让孩子真的有学习动力，家长就要用心，根据孩子的心的特征去给他一些激励和滋养。

　　而且，在这个过程中，你要真的做到以心换心。如果你急功近利，希望短平快，那么哪怕用遍了千万种工具，依然不会有任何效果。

　　在此，我想对家长朋友说：激励孩子的形式需要多样化，也需要根据场景而定，但一定要记住，三分外在，七分内在，这是心法，更是原则。

第五节　情绪好了，学习自然就好了

　　在生活里，很多孩子一听到学习就"炸毛"，无缘无故发脾气，情绪变得很不好。面对这种情况，很多父母觉得非常痛苦，不知道该怎么办。

如果把人比作一个罐子，情绪就相当于水，不断给罐子加水，但又不给开口，最终会导致水漫出来，也就是造成情绪的宣泄。

情绪过载，会吞噬学习的精力。

其实，孩子容易情绪不好，是有多种原因的。总结下来，其实无非两点：

第一，孩子接收的负面情绪比较多。比如，家长经常催促、吼叫、刺激、威胁、控制和打骂孩子，或者爸爸和妈妈经常争吵。

第二，孩子不知道怎么表达和释放自己的情绪。比如，有些家长在孩子哭的时候，大声对孩子说"不能哭，憋回去，否则我就揍你"，孩子就开始憋着，导致大量的情绪积累和积压。久而久之，孩子就说不得，动辄发脾气。

这样的孩子，会变得特别不专注，咬手指，啃铅笔，抠橡皮擦，心神不宁，发呆，上课时东张西望，学习效率低下。

孩子本来应该用100分的精力去学习，但由于情绪过载，他得花90分的精力去抵御内心的不安，就只剩10分的精力去学习了。所以，家长要及时识别出孩子的各种情绪，并帮助他们疏导情绪，这样，孩子才能带着100分的精力去学习。

孩子学习中常见的几个情绪问题。

问题一：急躁情绪。

孩子在学习时，经常产生急躁情绪，不愿思考，总想快点知道答案。这个问题，从表象上看是孩子不肯动脑筋，本质上是家长的问题——不能沉下来用心做事。

更糟糕的是，家长对待这种情况，只会一味地否定孩子。家长总是说："你怎么一点都不愿意动脑子？"这样一次次的否定，只会让孩子更加不愿意思考。

面对这种情况，家长短期内要做的是陪伴。比如，家长可以陪着孩子做题，和孩子讨论，一步步引导孩子往前走。在这个过程中，家长要及时给孩子一些肢体和语言上的肯定，让孩子一直跟着家长的思路和步骤去做，让他可以及时感受自己的进步。

除了陪伴，家长要持续地给予孩子肯定。要擅于捕捉孩子学会思考的行为，并及时鼓励，孩子慢慢就愿意思考了。

另外，多个目标任务同时进行，会分散孩子的精力。我们不妨在一个时期内，只让孩子关注某一单科成绩的提高。这样孩子更能体会到成就感，从而慢慢改掉容易急躁的毛病。

有些家长反映，自己的陪伴和引导让孩子产生了依赖心理，家长要是不做，孩子就不愿意动脑子。这是因为家长抱着帮助孩子解决全部困难的想法，所以使孩子产生了依赖心理。表面上是孩子在做，本质上是家长在主导。

前期家长可以自己来主导，给孩子树立榜样；中期可以把自己当作参与者，和孩子共同去做，让其建立信心；后期可以逐渐放手，让孩子主导，训练孩子的主导能力，同时，过程中给予孩子鼓励，必要时给予孩子意见。

有一位妈妈，她的孩子上小学 3 年级，不愿做算术题，这位妈妈就和孩子约定，自己每做一个仰卧起坐，孩子就做一道算术题。一段时间之后，孩子不再排斥做算术题了，而且学得也很开心。

还有一位妈妈是带着孩子去逛超市，给孩子 50 块钱，让她合理安排晚上的饭菜并记账。通过这样的方式，孩子不仅学会了算术，还知道了家庭开销，这种方式寓教于乐，孩子喜欢。

问题二：畏难情绪。

产生畏难情绪，主要是因为孩子被打击过多。

家长要想从根本上解决这种情绪问题，需要做到以下几点：

首先，要有这样一个认知，我的孩子之所以这样，主要是因为我欠"债"多了，我必须接受这个现状，承认这个事实。只有接受事实，才能停止内耗。

其次，减少对孩子的否定、指责、批判、吼叫。因为这些都是"刀"，对孩子有极大的伤害。尤其当孩子出现畏难情绪时，家长千万不要当面指责孩子，因为这只会让孩子更容易退缩，导致问题更严重。

再次，家长要善意地看着孩子，要和孩子共情，做一些充满善意的举动，比如把自己的手搭在他的肩膀上。因为，当一个人有了畏难情绪时，如果有人能倾听他藏在心里面的原因、感受、期待，他就会觉得被理解，畏难情绪也会随之消解。

比如，我儿子对作业有很强烈的畏难情绪。我会拉个凳子坐在他身边，用和善的眼神看着他，把手搭在他肩膀上或者轻轻摸摸他的小脑袋，温柔地对他说："爸爸知道这些题目对你来讲可能有点难，妈妈还总是说你，导致你现在看到这些题目就感到害怕，对吗？爸爸也知道，你特别希望题目能少一点，也特别希望妈妈不要说你。爸爸带着你一点点做，好吗？"

当你能做到和孩子共情，把话说到他的心坎里时，他的对抗、害怕、恐惧等情绪就会一点点地减少。

当我们把精力投入到孩子缺点上时，缺点的细节就会越来越多，缺点就会被"喂养"大，以至于孩子就成了"缺点"；若把精力投入到孩子的优点上，优点的细节就越来越多，优点就会被"喂养"大，以至于孩子就成了"优点"。

家长要学会发现孩子的优点，哪怕是很微小的进步，也要看在眼里，记在心上，并一定要说出来。长期坚持，就能唤醒孩子内在的力量。

问题三：厌学情绪。

有厌学情绪的孩子是把学习等同于痛苦了。这个时候，家长该怎么办呢？

家长要先解决情绪，再解决事情。家长给孩子点时间和空间，安静地看着他，把手搭在他的肩膀上，或者抱抱他，让孩子减少一些痛苦。等孩子情绪缓解之后，家长也不要直接把所有与学习相关的事情都说出来，要一项一项地慢慢展开，一点一点地减少孩子的厌学情绪。

在这种情况下，很多家长担心孩子作业完不成，没时间预习、复习。其实，有的时候作业完不完成、预不预习、复不复习一点都不重要，因为一次的完成与否对孩子的学习和成长并没有那么重要。我们最应该做的是打造孩子学习的主动性，提升孩子学习的能力。

家长们要记住，补什么不如补方法，补什么不如补习惯，补什么不如补能力。不要本末倒置，只追求作业是否完成、题目是否做对，而忽视了能力和习惯的培养。

追求这些并没有错，只是你要清楚它的价值。这就好比寻矿，一次作业的完成与否、一道题目的对错相当于铜矿，而学习方法、学习习惯、学习能力相当于金矿。你把精力放在找铜矿没错，但你就会错过旁边的金矿。

如果家长明白这个道理，就会清楚地知道怎么做了。这里，再给大家几点建议：

第一，允许你不做。比如，孩子不想写作业，家长可以问他是不是真的不想写了，如果是，就尊重他，必要的话也可以和老师去商量。这种方式适合 1~3 年级的孩子。

如果是 3 年级以上的孩子，家长可以让他直接跟老师讲，然后家长再找机会私下向老师解释清楚，商量一下第二天在课堂上的策略，是鼓励的策略，是不闻不问的策略，还是公众批评的策略。

总之，就是基于孩子的实际情况，打一套家校结合的"组合拳"。

第二，家长可以用幽默诙谐的方式或家长和孩子竞赛的方式去激励孩子，也可以用表扬、奖励、鼓励等多样化的形式，让孩子感觉到学习和开心是相互联系的。这样做，孩子慢慢地就会把学习和开心联系起来，就会有超强的学习动力。

在解决孩子的负面情绪之后，怎么才能让孩子快乐地学习呢？方法很简单，就是四个字——深度陪伴。深度陪伴的目的不在于陪，而在于养成一种习惯。

我在书房看书的时候，经常把儿子带到身边，他就在旁边写作业，安静又专注。

究其原因，主要有以下几个：

第一个原因，我在旁边看书，安安静静地给他做了一个专注的榜样。

第二个原因，爸爸代表着一种力量，守护在他身边，他能感受到足够的力量感，让他也能坚持做下去。

第三个原因，我在陪伴的过程中基本上把学习习惯、学习能力训练到位了，所以我现在放手，他是可以自动前行的。

第四个原因，他上 7 年级，已经具备了独立思考的意识。

如果是 5 年级以下的孩子，在整个学习的过程中，家长要一项一项给他们牵头，这个目的不在于完成，而在于传授技能。

但是在牵头的时候，家长要不断地向孩子询问：我不会，你能教教我吗？这个我不懂，你能给我讲一讲吗？这样做的目的在于引导孩子不断思考，不断提高学习的基本能力。

对于深度陪伴，大家需要注意，一般情况，陪伴 1~3 年级的孩子时是可以讲话的，目的是引导孩子思考，引导孩子建立习惯，引导孩子培养能力。

一旦孩子具备了一定的思考能力，家长要记住 24 个字：不抬头、不说话、不停笔、不中断，笑一笑、嘘一嘘、摇一摇、指一指。

前 12 个字是孩子要训练的技能，后 12 个字是家长要做到的。

当孩子拥有基础技能之后，他可能会问你，妈妈这道题怎么做，你就笑一笑、嘘一嘘、摇一摇，就代表着妈妈态度很友好，但是现在不能讲话，也不是讲解的时候；然后指一指，意思是接着做题。事先，家长要和孩子商量好，先易后难，先把会的全部做完，不会的再集中问。当孩子在这个过程中进入不抬头、不说话、不停笔、不中断的状态后，他就会自行运转，慢慢地，就会具备自主学习的能力了。

学习这件事，感觉好才能做得好。当你发现孩子正被情绪左右时，不妨问问自己，孩子的情绪为什么会容易"炸毛"？先解决情绪再解决事情。

第六节　用好学习动力模型，孩子越学越上瘾

目前，很多家长对学习动力的理解，存在偏差。

第一种偏差，学习是孩子自己的事；

第二种偏差，提升学习动力，只要瞄准一个方面就行；

第三种偏差，指望学三五个方法，孩子就能有动力。

基于此，我觉得有必要让大家了解一下学习动力模型，并从学习动力模型的角度，让大家知道，我们要从哪几个维度去努力，才能让孩子主动学习。

动力提升是一个系统工程。

这个系统工程是由夫妻关系、亲子关系、孩子心理营养、家庭布局、家校合作、情绪管理、精准养育等至少七个

关键要素组成的动力模型。

这个动力模型就像一个木桶，从外围来看，这些要素之间是并列关系，每一个都很重要。并不是说某一个要素做到位，孩子就会特别优秀，而是把这七个要素都做到位，孩子的学习动力才会上升一大截。

所以，这七个要素并不是简单地相加等于 7，而是相加大于 7 的效果。

为什么这样说呢？因为这些要素背后都指向一个点——孩子的成长。只有家长在这七个要素上进行综合调整的时候，孩子才会由内而外，从心理状态到外在表现全面提升。

关于动力系统的提升，我有两个小技巧。

第一，重视夫妻关系。

我们经常会听说，一些文化水平并不高的父母，却培养出了高考状元。你去采访他们，他们会说，"我也不知道孩子为什么能考这么好。"

但外行看热闹，内行看门道。当我们走进他们的家庭，就知道这个家庭一定做对了一些事。其中，核心就是这些家庭里爸爸妈妈的夫妻关系非常稳定，家长的情绪也很稳定。这就相当于给孩子筑起了安全的"墙"，孩子的心自然能够安定下来。

第二，重视亲子关系。

随着孩子年龄的增大，亲子关系也越来越重要。

现在，尽管我儿子身高超过了我，但是，我们在一起交流还是很轻松，就像朋友一样。有时候他觉得我做得不好，就会开玩笑地说："大哥，这个不对。"而我，即使是说他，也只是适当地点一点，然后安静地待在他身边，让他知道我的存在即可。同时，我也会通过榜样的力量传递一些信息，比如把自己的工作内容和他做一些交流和分享，让他感受到爸爸是一个专注、认真、投入、用心的人。

之前我和孩子之间也有对立、有冲突，但随着自己慢慢成长，我也逐渐领悟到：每个人的言谈举止，都有一定的道理。所以，要学会尊重和接受。当你开始允许别人做别人、允许自己做自己的时候，很多事情就能迎刃而解了。

用好学习动力模型的技巧。

知道学习动力模型的关键要素之后，家长应该怎么用，才能让孩子越学越上瘾呢？我有几个小技巧分享给大家。

第一，用心去做。

实际上，家长只要用心去经营学习动力模型中的七个要素，孩子都会主动学习。

第二，打分定目标。

你可以把七个要素列出来，每个要素的满分都是 10 分，根据自己的现状打分，比如夫妻关系 4 分、亲子关系 3 分、孩子心理营养 2 分、家庭布局 5 分、家校合作 6 分、情绪管理 3 分、精准养育 8 分。然后，找出最薄弱的环节，设定目标，一个月为一个周期，定向提升。

你也可以以七个要素为分支，根据自己的现状打分，然后把每一个分支连起来，形成一个雷达图。然后，给自己定一个目标，一个月为一个周期，每个要素提高一分。

第三，拆解提分要领。

想要提高的这一分，怎么才能实现呢？方法很简单，先锚住一个要素，围绕这个要素找出2~3件核心的事情。然后，以此类推去拆解其他关键要素；坚持这14~20件事一个月，就有惊喜。

需要提醒大家的是，在具体操作的时候，没有严格统一的要求，你可以根据实施的难易程度来做选择。比如，先从容易提升的要素切入，这样收效会更快一些。等到容易的做得差不多的时候，就要静下心来做攻坚战，把那些难题一点点地解决掉。

对我来说，夫妻关系、亲子关系、家庭布局比较容易提升，那我就先在短时间内尽可能提升；精准养育、家校合作和孩子心理营养相对难一点，我会多花一些时间去提升；情绪管理很难，我就会利用一个比较长的时间周期去专项学习，去调整，去根治，效果慢慢就会显现出来。

亲爱的家长朋友，用学习动力模型激发孩子的学习兴趣，要记住12个字——系统规划，分段实施，逐步推进。

第二章

养成设立目标与制订计划的习惯，
孩子学习事半功倍

第一节　设立目标和制订计划的两个策略及三大误区

　　孩子在学习的过程中，一定要有目标和计划。学习如果没有目标，就相当于航行的时候没有灯塔；学习如果没有计划，就相当于航行的时候没有路线图。

　　弗罗伦丝·查德威克在 1950 年成为第一个成功横渡英吉利海峡的女性。然而，1952 年，在她尝试横渡卡塔林纳海峡时，由于大雾和低温，她在游了 16 个小时后请求救援，放弃了挑战。她上船后不久，船只就到达了对岸，离她放弃的地方只有半英里（约 805 米）。这次经历让她非常后悔，因为她认为自己如果能够看到陆地，就能够坚持到最后。

　　在第二次挑战时，她要求护航人员不断向她报告她与对岸的距离，这样她就能够保持对目标的清晰认识，最终挑战成功。

　　可见，没有目标会让我们失去斗志，没有计划则会让我们乱了方寸。有目标，一切皆有可能。

培养目标意识和计划意识的两个策略。

家长应该从幼儿园阶段就开始培养孩子设立目标和制订计划的意识。我们需要通过不断的启发式提问，引导孩子自己去思考想要什么、需要什么、应该怎么做。等孩子到 1~3 年级的时候，家长要更加注重这种意识的培养。

但是，在 1~3 年级，孩子的目标一定不是分数。过早给孩子定了以精确的结果为导向的目标，对他的习惯培养并没有太大的帮助。因为 1~3 年级孩子的左脑还没有完全发育好，而右脑已发育成熟。在这个阶段，家长的目标应该以过程为导向。比如，孩子今天的目标，是学会怎么预习、怎么查字典、认识元角分、学会解决"鸡兔同笼"的问题等。

举个例子，给孩子 100 块钱，让他去买 4 种蔬菜，要求他把钱算对，并把多余的钱拿回来。这样做有利于培养孩子的习惯和技能，比纯粹用分值考核孩子要好得多。

所以，家长不需要关注这个阶段孩子的分数，而是要关注以下两个方面：

第一个方面，自己有没有按照学习动力模型把孩子的学习动力激发起来。

第二个方面，家长在陪伴孩子学习的过程中，有没有把孩子的计划与目标管理、预习管理、听课管理、复习管理、作业管理、考试管理等基本习惯培养起来；有没有教会孩子每个学科的学习方法，比如，语文基础知识怎么学，阅读理解怎么做，古诗词怎么背，看图写作文怎么写等。

下面，我来分享一下我是如何培养我儿子的目标和计划意识的。

有一次，他被选为班里的礼仪小队长，非常开心。我就问他："想不想成为大队委，每天上学的时候可以挂着一个小袋子站岗执勤，还可以检查同学们的仪容仪表？"他说"很想"。

我接着问他："你觉得怎么样才能实现这个目标呢？"他说："我现在已经是班级小队长了，等我加入学校的大队委，就可以去站岗了。"

我接着问他："你具体想怎么做呢？"他没说出来，我鼓励他："你接下来可以去跟老师争取更多的表现机会，让老师更注意你，并且愿意让你担任更高的职务，给你更多的机会。"

经过这样层层引导，他开始有了一些调整。之后，他在班上越来越受到老师的重视，最终也如愿加入了大队委，实现了他的目标。

之后，我又引导他找到新的目标，问他希不希望当校级主持人，他说想。因为有的时候，我到他们学校做讲座，给他做了榜样、播下了梦想的种子。

然后，我跟老师做了一些沟通，给了他一些机会。我和他妈妈在家里，也引导他尝试着做演练。慢慢地，他变得更加自信，演讲能力也逐渐增强了。后来，他如愿成了校级的主持人，主持了学校很多大型比赛和大型会议。

在这个过程中，我从来没有说过他在哪个方面做得不好，而是以引导和讨论的方式，让他自己去设立目标，并制订计划。让他自己说出自己的梦想，比我替他说出梦想，要好上 100 倍。

总结下来，我做了三件事：第一，引导他去关注、重视能力的训练，然后用探讨的方式引导他去思考，先设立一个简单的、可实现的目标；第二，通过自己这个榜样的力量，让他为了目标付出行动；第三，在他逐步实现目标的这个过程中，持续引导与肯定，强化坚持。

在他的学业上，我也会有意识地引导他做目标管理。这里给大家分享两个小策略。有的时候，我儿子会拿一些数学题目让我帮他解答，我一般的策略，就是看一下，然后说："我真的不会，你再想一想，再跟我讲一讲。"也就是说，我会把问题抛回给他，让他自己去想，调动他的积极性。这是战术层面上的第一个小策略。

第二个小策略，不断给他积极的暗示。在我儿子成长的过程中，不管他数学考得怎么样，我一直在向他传递一个观念：你绝对是有数学天赋的，你在数学方面绝对是远超常人的，绝对是佼佼者。在不断的暗示、鼓励下，他从 1 年级到现在，数学一直超级厉害。

培养目标和计划意识的三个误区。

家长在培养孩子目标和计划意识的时候，一定要避免陷入这几个误区：

第一个误区，把目标等同于计划，认为有了目标孩子就能直接实现。

比如考试，给孩子定了目标分数，之后就没有了下文，认为孩子自己就能实现。实际上，考多少分，只是一个目标，是学习的灯塔。要想到达灯塔，需要具体的航道和清晰的路线图，也就是学习规划。

第二个误区，以为定了目标和计划，孩子就会主动干。

事实上，即便你有了灯塔，有了航道和路线图，但没有引航员的引导，船依然到不了彼岸。家长就是孩子的引航员。

第三个误区，定目标的时候随心所欲。

比如，孩子这一次考试考了 78 分，下次必须考到 95 分以上。

家长这种随心所欲定目标的情况，其实是由家长的需要、焦虑导致的。但是，家长随口而出的一个目标，会给孩子带来沉重的负担。

在此，我想告诉家长朋友，我们设立目标和制订计划的目的，不只是为了实现它，更是为了让孩子有充足的动力去学习。目标，是让孩子在学海中有一个灯塔，而计划是让孩子有一个具体的航道和清晰的路线图。当孩子在学习的时候，有了灯塔、航道和路线图，我们就帮孩子解决了主要矛盾。

那么，你是从什么时候开始培养孩子的目标和计划意识的？又是怎么做的呢？

第二节　设立目标的五个步骤

我从小到大，非常善于给自己定目标，尤其善于设立两类目标：一是给每个科目都定分数目标，比如数学要考满分、语文除了作文其他不要丢分等；二是定名次目标。

我也发现了一个问题，就是定目标的时候很痛快，但定完目标之后，却很难实现。

后来，我才知道自己陷入了一个很大的误区。因为人的精力是有限的，所以定目标的时候要有所侧重、有所区分。而且，不要只是盯着结果看，还要关注过程。

设立目标要合理。

合理的目标，需要符合以下两点要求：

第一点，目标要符合SMART原则，分别是具体（Specific）、可衡量（Measurable）、可实现（Attainable）、

有关联（Relevant），有具体时间周期（Time-bound）。

这就提醒家长，在定目标的时候，不要抱着一口吃成个胖子的想法。

比如，你要求孩子下学期必须好好学习，这是目标吗？不是，因为没有明确学什么、怎么学、学到什么程度。又比如，这次数学考试孩子考了 60 分，下个学期就必须考到 90 分，这种目标合理吗？不合理，因为完全脱离了孩子可以掌控的范围。

所以，家长定目标时，必须要想清楚，这个目标是不是孩子可以实现的。孩子可以实现，用摘果子打比方，就是孩子只需要踮个脚，或者稍微跳一下，就能把果子摘到。孩子在追求目标的过程中激发出来的那份力量，比实现目标更重要。

第二点，要遵循相关性原则。

设立的目标，要和孩子的学业相关，不要定一些和学习八竿子打不着的目标。

按五大步骤设立目标。

家长在设立目标时，可以按照"选定科目——试卷分析——协商讨论——锁定单科分值——确定总分值目标"的步骤去做。

第一步，选定科目。

1~3 年级的孩子可以抓一到两科；4~6 年级的孩子能同

时抓两科，就很厉害了；7~9 年级的孩子，原则上至多抓三到五科。有些家长说，初中一共九科，只抓五科能行吗？其实，家长朋友们不用焦虑，你给孩子定了五科的目标，并不代表其他科目就完全放弃了，只要稳住就行，慢慢来。什么都想抓的话，注定每一科也抓不好。

第二步，试卷分析。

日本著名企业家稻盛和夫曾经讲过一句话：工作现场有"神灵"，就是说在工作现场能发现工作中所有的问题。我把这句话做了延伸，对所有想提升孩子成绩的家长来说：试卷里有"神灵"，从试卷中能发现学习中所有的问题。

我要特别强调一点，家长一定不要只看分数，那没有任何意义，应该回到试卷本身，看到孩子学习的问题。

家长该怎么从试卷入手呢？为了帮助大家更好地理解，我带着大家做一遍对语文试卷的分析。大家都知道，语文考试有四个板块——基础知识、古诗词、阅读理解、作文。我会把孩子一个学期的语文试卷都拿出来，做统计分析。

基础知识，满分 20 分，孩子平均得 14 分，得分率是 70%；古诗词，满分 20 分，孩子平均得 18 分，得分率达到了 90%；阅读理解，满分 30 分，孩子平均得 20 分，得分率在 66%；作文，满分 30 分，孩子平均得 27 分，得分率在 90%。

当我做过统计分析之后，就知道孩子的薄弱环节有两个：一是基础知识，得分率只有 70%；二是阅读理解，得分率只有 66%。那么接下来要把 80% 的精力花在基础知识和阅读理解这两大板块，目标明确了，就开始有力量，计划也就有针对性了，语文成绩也就能快速提升。

第三步，协商讨论。

家长要跟孩子做一个探讨，一起商量每个板块，尤其是重点板块，孩子希望提高多少分。比如，先跟孩子探讨阅读理解，孩子可能希望三个月之后，阅读理解能提升 5 分。

然后，再跟孩子探讨基础知识。他说："我要提 5 分。"你说："我给你打个折，你提 3 分吧。"

注意，千万不能贪心，一定要降低期望、降低标准，让目标可实现。因为我们不是在让孩子追求结果，而是激发孩子的学习动力，并让他体会实现目标后的喜悦。

至此为止，语文的四个板块，已经重点提升两个了。孩子可能还想提高作文和古诗词成绩。这个时候，不要贪心，作文最多提 2 分，古诗词最多提 1 分。

第四步，锁定单科分值。

根据前面的协商讨论，就可以锁定语文这一单科可提升的分值，就是 5+3+2+1，即 11 分；原来是 79 分，现在目标是 90 分，合理、可实现，孩子也愿意去做。

按照这个方法，家长再对整个学期的其他科试卷做统计分析，跟孩子去探讨几大板块想怎么调，大概提高多少分，比如数学总共提高 8 分、英语总共提高 5 分。

第五步，确定总分值目标。

选择好重点提升的科目，并锁定单科提升的目标，再把所有分值相加，即 11+8+5，一个学期要提高 24 分，这就确定了孩子的分值目标。

分值目标出来后，家长就要限定时间，比如 3 个月。这个时候，整个大的目标体系就建立了。但仅有目标远远不够，还需要具体计划做支撑，稍后具体讲解。

最后，我想提醒大家的是，在给孩子定目标的时候，更重要的是看到孩子的短板，但不要拿出来大张旗鼓地讲，要维护孩子的自尊心和兴趣，这比目标本身更重要。

第三节　制订计划的六大步骤

有了目标，相当于有了目的地。怎么到达这个目的地呢？需要有具体的路径与方法。所以定好目标之后，还要制订学习计划。

制订计划要避免踩坑。

很多家长在制订计划的时候，很容易踩坑。比如，制订的计划找不到重点，追求面面俱到，常常眉毛胡子一把抓；每一件事都要求完美和极致。

为了避免踩坑，在制订计划的时候，需要注意以下三点：

第一点，要一步一步来。

千万不要想着一口吃成个胖子。我们要的不只是结果，更重要的是过程，是过程中能力的培养与提升。

第二点，要和孩子进行商讨。

看孩子是不是愿意接受，家长是不是愿意接受，以及两个人是不是达成了一致的意见。当然，其中更重要的是孩子的意见，因为他是执行者。

第三点，要遵循"宜少不宜多"的原则。

不要追求多、大、复杂，要从很少的、很小的、很简单的开始。这样，孩子轻松，家长轻松，实现目标的过程也会很轻松。比如阅读理解，抓重点、关键动作就可以，把这2~3个重点做到极致已经很不错了。

基于目标，制订计划管理体系的六大步骤。

有了目标之后，要对目标进行拆解，制订计划管理体系，并形成每日学习清单。

家长需要列一张表。首行为各项指标，依次为"科目""分值目标""周期管理""计划与时间管理""预习管理""听课管理""复习管理""作业管理""考试管理"。这样，一张基本的表格就制作出来了。

具体的实操，主要有以下几步（以科目设定为语文为例）：

第一步，科目、分值目标、周期管理。分值目标把总分和板块分都写上：总分12分，阅读理解5分，基础知识4分，作文2分，古诗词1分；周期管理，可以写两个月或三个月，因为考试的时间一般都是期中和期末。重点抓基础知识和阅读理解，后续六大环节都围绕这两大板块来抓。

第二步，计划与时间管理。要根据具体科目的具体情况进行制订。比如，语文重点提升基础知识和阅读理解板块，填表的时候可以写：第一项，每天保证晨读20分钟，做到课后识字表、写字表、词语表的熟读成诵，熟读每个单元的第一篇课文；第二项，熟读阅读公式，熟读30个阅读公式母题和80个阅读公式。

第三步，预习管理。预习管理有两件事要做：第一，生字预习。查字典，把课后生字全部注音、组词，找到近义词和反义词并听写；第二，预习课文，并解答课后问题。

生字、组词、近义词、反义词的预习，都在解决基础知识的问题；解答课后题目，是在做阅读理解。也就是说，预习管理，依旧要围绕着科目的核心问题去做。

第四步，听课管理。听课管理，我们也需要做两件事：第一，标注多音字、双声字、形近字；第二，重点圈出课后题的答案，总结关键词。在听课管理的过程中，抓基础知识的重点、难点、考点，也同步重点抓课后题答案，本质都是围绕基础知识和阅读理解两大薄弱项去抓。

第五步，复习管理。复习管理在写作业前进行，同样需要做两件事：第一，把今天学的课文对应的识字表、写字表、词语表、课后生字表读一遍；第二，把今天课上记录的笔记复习一遍。这两件事，也是针对基础知识和阅读理解展开的。

作业也属于复习，在作业管理下面，我们可以这样写：第一，家长帮忙把识字表、写字表、词语表、课后生字表全部听写一遍，重点抓形近字、多音字、双声字；第二，在每天作业之外再做一篇阅读理解，并参考阅读理解的母题与公式，同家长进行讨论。

第六步，考试管理。重点就做两点：检查生字词和考前再次熟读阅读公式，并在考试过程中认真对照，回忆之前类似的母题与模板，确保阅读理解分数的提升。

总体来讲，就是通过试卷分析，找出优势板块、劣势板块；确定优势板块、劣势板块分别需要提升的分值，从而锁定单科要提升的分值，以及用多久去实现。然后，把这个具体的、可实现、可衡量、有关联的目标拆解到六大学习闭环当中，并在这六大学习闭环里，全部围绕着对薄弱板块的提升，把每一个环节分成两三件事，就形成了详细的学习计划（见表2-1）。

表 2-1 目标管理

科目	分值目标	周期管理	计划与时间管理	预习管理	听课管理	复习管理	作业管理	考试管理
语文	总分 12 分 阅读理解 5 分 基础知识 4 分 作文 2 分 古诗词 1 分	2 个月	1. 晨读三张表和课文 2. 熟读阅读公式	1. 使用三读三步法预习 2. 使用 5W1H 预习法做备注	1. 标注多音字、双声字、形近字 2. 重点圈出课后题的答案，总结关键词	1. 读四张表 2. 复习课堂笔记	1. 家长帮忙听写 2. 额外做阅读作业	1. 检查生字词 2. 熟读阅读公式
数学	总分 12 分 …	2 个月	…	…	…	…	…	…
英语	总分 8 分 …	2 个月	…	…	…	…	…	…

孩子不配合要找对原因。

在制订计划的时候，很多孩子根本不配合，怎样才能引导孩子配合呢？

实际上，家长首先要思考的问题不是如何引导，而是孩子为什么不配合。只有在找到真正的原因之后，才有可能真正帮到孩子。比如，有些孩子不愿配合，可能是因为他觉得爸爸妈妈制订计划是来困住自己的，而不是来帮自己的。

针对这种情况，首先，家长要意识到，计划一定不是为了满足家长的要求，而一定是要基于孩子的心理状态和接受程度去制订的。这样，孩子就会慢慢接受了。

其次，计划越简单，越容易操作，孩子越容易上手越好。只有孩子伸伸手或者稍微踮起脚就能够实现的计划，才是好计划。

最后，一段时间后，带着孩子重新梳理一下目标和计划，并对计划进行二次调整，然后再执行。这样是为了培养孩子的目标意识、计划意识和执行意识。经过几轮的探讨，孩子的这些意识会不断增强，这个过程中的收获，远大于结果。

这里，送给家长们一句话：跟孩子一起制订计划，重点不在于计划本身，而在于让孩子拥有计划的意识、掌握拆解计划的方法。在计划执行的过程中，更重要的是父母的陪伴和持续的激励与肯定。

作为家长，你在和孩子一起制订计划的时候，想清楚真正的目的了吗？

第四节　执行落地的三大策略

策略一：家长反思计划的可落地性。

定好目标、做好计划之后，重要的是去落地和执行，但有些孩子总是嘴上说说，却不行动。

面对这种情况，父母应该意识到，一个热爱学习的人，是不会讨厌、抗拒学习的目标与计划的；只有讨厌学习的人，才会对跟学习有关的所有事儿都感到厌恶。

我有一个 5 年级的学员，他妈妈每次在他不学习的时候就对其讲大道理，对他的管教更多的是要求、命令和控制，导致他越来越抗拒学习，拒绝执行妈妈的计划。后来，我和他的家长聊天，对他们说如果孩子有自己的想法，要给他们机会，让他们敢于表达，而不是必须按照父母的意愿去做事情，之后还聊了目标与计划的重要性。

然后，家长开始自我反思，并主动改变，试着和孩子建立更深的情感联结。刚开始，家长和孩子讨论目标和计划时，孩子很抵触。我劝导家长不要只看到孩子抵触、反抗这个表面现象，应该思考孩子为什么会这样。不外乎就是家庭环境、养育方式、情绪状态、在学习上的管教方式，让他对学习很讨厌、很抗拒嘛。

除此之外，我还教给他们几个小方法：

方法一，反思目标是不是定得太高了，计划是不是太多了；

方法二，想一下计划的可执行性到底怎么样；

方法三，思考一下目标和计划是面面俱到的，还是重点突破的；

方法四，家长在带领孩子执行计划的过程中，是不是做到了及时正向反馈；

方法五，家长带领孩子执行计划的时候，是指望孩子干、命令孩子干、扔给孩子干，还是家长放下身段真正问自己，孩子是否有学习动力、学习习惯和学习方法？

我建议，家长必须在孩子取得一点小进步的时候，及时给予正向反馈，让他看到那一份希望。

如果孩子没有学习动力、学习习惯和学习方法，不管孩子年龄多大，家长都要静下心来，深度陪伴孩子一道题一道题地做，一项技能一项技能地培养。因为一个人的精力是有限的，你的精力用在哪里，你的收获就在哪里。

正如王阳明讲的：汝若观花，心与花同时分明。你如果盯着孩子的优点，优点就会越来越多，当孩子的优点被看见并被表扬的时候，他就会充满动力；你如果盯着孩子的缺点，缺点就会越来越多，孩子就会越来越抗拒。

当家长从这些方面反思、调整之后，再使用一些孩子喜欢和乐于接受的方式去引导，孩子也会愿意去执行计划。

策略二：家长觉知自己的情绪。

在带孩子执行计划的过程中，很多家长表现得很急躁，总是催促孩子快点做。如果孩子没有按照自己的标准和方式去做，家长就生气。其实，这种急躁背后是对未来不确定性的恐惧和担忧，是自己的内心不够强大。

我特别鼓励家长学会两个字——觉察。当你急躁时，如果没有觉察的能力，就会被习性、妄念、情绪裹挟着往前走；可是，当你有了觉察的能力时，你会马上知道自己着急了、烦躁了、愤怒了，从而让自己做出一些调整。

家长可以尝试以下几步来锻炼自己的觉察能力：

第一步，要学着感知自己的情绪，明白不同情绪表现出的状态是什么样子的。当情绪到来的时候，就能迅速地感知到。

第二步，一旦觉察之后，问自己现在产生的这种情绪的背后，其实是自己在担心什么、害怕什么。

第三步，问自己，关于这种情绪，在童年有没有经历过类似的关键事件。我们说，看见即疗愈。你可能在不经意间突然想到，小时候妈妈是怎么对你的，爸爸是怎么对你的。

只要能挖掘出一件事，就开始向内走，不断往深处挖，挖掉心里的碉堡，回忆起一个挖掉一个。

第四步，问自己，这个情绪还要继续吗？要不要把它放下来？

当你不断地这样问自己，向内寻求答案后，你再陪伴孩子学习时，就不会那么急躁了。

策略三：学会合理安排时间。

家长还经常遇到的一个问题就是：明明计划得很好，但等到执行的时候就没时间了。在讲这个之前，我想先给大家分享一段我小时候骑车上学的经历。

我小时候在农村，需要大清早骑着自行车去上中学。那个时候自行车的链条很容易掉，这时我就会把自行车支起来，在路边找一个小树枝，扯着链条往上拨，同时摇着脚踏板，当摇不动的时候，使劲掰一下，链条就归位了。

给链条复位的过程很难受、很痛苦。经常会把手搞得油乎乎、脏兮兮的。

孩子时间不够，正是因为他动力不足，习惯不好。而唤醒动力、训练习惯的过程正如给链条复位的过程。恰恰是因为链条脱轨了，我们调整时才会感觉到痛苦；恰恰是因为经历了痛苦，我们的链条才能回归正轨。

在面对孩子没时间执行计划时，家长要想尽办法陪伴孩子，带着孩子做计划管理、预习管理、复习管理、听课管理、错题管理、考试管理，教会他们学习的方法，培养他们良好的学习习惯，激发他们内在学习的力量，进而提高学习效率，把时间省出来。

这里，给大家提供几个节省时间的小方法：

第一个，整段时间的利用。这个很好理解，我就不细说了。

第二个，碎片时间的利用。关于碎片时间的利用，有一些场景是可以去尝试使用的。

场景一，在开课前两分钟把书本翻一翻，对提升课堂效率极有帮助。

场景二，下课后静心 60 秒，把课堂上的内容看一看，对于掌握知识也非常有帮助。

场景三，睡觉之前，把笔记整理一下，学习效率也会大幅度提升。

场景四，在上学的路上，很多孩子要坐一二十分钟甚至更久的车，利用坐车这段零散的时间背诵课文、背诵单词、背诵公式。特别是对政治、历史、地理、生物这几科，相当有效果。

场景五，每天睡前用 5~10 分钟跟孩子做知识点的探讨，让孩子把今天学了什么，像过电影一样给你讲一遍，或者拿出今天做错的题目，再仔细地看一遍。

当孩子把这些碎片时间真的利用起来之后，他一天就能节省半小时甚至更久。

第三个，学会运用番茄钟。在时间管理当中，"番茄钟学习法"可以大幅度提高效率。番茄钟学习法的发明者——弗朗西斯科·西里洛，他是一个重度拖延症患者。他在大学的前几年，学习状态低迷，静不下心来看书，曾一度苦于学习效率低下。

有一天，他和自己打赌："能否真正静下心来学习一下，哪怕就短短的 10 分钟？"于是，他从厨房找来了一个番茄形的定时器，把定时器调到 10 分钟，然后试着全身心投入学习 10 分钟。很不幸，他没能坚持 10 分钟。

后来，经过努力，他不仅能做到在 10 分钟内全神贯注地工作与学习，番茄钟的定时慢慢增加到了 25 分钟。再后来，番茄钟学习法，逐渐被应用到学习上，用来提高孩子的学习效率。

具体的用法：学习一个番茄钟（即 25 分钟）之后休息 5 分钟，4 个番茄钟之后休息 15 分钟，然后再开始学习 4 个番茄钟。如果是 3 年级以下的学生，专注力较差，我建议 3 个番茄钟之后休息 15 分钟。

在应用过程中，我们可以根据实际情况做一些调整。比如有些孩子，有感觉统合失调问题，这个时候，我们可以考虑以 20 分钟为界。对高年级的孩子，也可以以 30 分钟，甚至 35 分钟为界，但前提是孩子愿意并且能接受。

此外，在使用番茄钟学习法的时候，有几个具体细节要注意：

第一，家长不能直接给孩子安排，而是要和孩子商议或者开一个家庭会议，要很正式、很隆重地跟孩子讲这个方法，让他感觉到自己被尊重了，他的执行力也会大幅度提高。

第二，跟他讨论番茄钟的时候，可以问他有没有更好的建议，让他感觉自己被重视了。而且，在讨论的过程中，你要把番茄钟的规则进一步阐述清楚。

第三，实践，以任务来切分时间。一般情况下，先从他最喜欢的科目做起。

第四，遵守规则。一个番茄钟后允许他去玩，但要提前商量好这 5 分钟内不可以看电视和手机。

第五，要看见孩子的成长。

有一个妈妈曾向我反映："我家孩子不行，昨天训练了 4 个番茄钟，起来了 3 次；今天训练了 5 个番茄钟，跟我讲了 5 次话。"

这位妈妈太着急了，她只看到了孩子的问题，却没看到孩子从以前没有用番茄钟训练，到现在能坚持 4 个甚至 5 个番茄钟，已经有了这么大的进步。注意力即生命力，家长要关注孩子的优点，不要盯缺点，更不要放大焦虑。

家长朋友们要清楚：针对计划的执行与落地，要学会睁一只眼闭一只眼，一定要给孩子足够的弹性空间。大家可以想一想：你制订的计划，就一定是很科学的，并且一成不变的吗？

第三章

培养预习习惯，
帮助孩子提升学习效率

第一节　预习的三大误区及三大原则

在上课之前，需要做一件很重要的事情——预习。如果孩子能把预习做到位，那么上课就是复习，写作业就是再次复习，经过多轮记忆与吸收，学习效率至少可以提高三倍。

但是，有很多家长和孩子在预习这件事上存在一些误区。

第一个误区，认为没必要预习。

有一些孩子，从来不预习，单纯靠听老师上课讲。老师讲得好，讲得清楚，孩子吸收得就好；否则，孩子吸收得一塌糊涂。

之所以出现这种情况，是因为孩子没有完全理解学习规律、记忆规律。如果想着通过一次学习，就能熟练掌握，是不太合理，也不太科学的。

一般来讲，要掌握一个新的知识，需要在一段时间内多次学习，让神经元不断产生连接。当一个知识点反复出现多次之后，神经元的连接将会十分紧密，对知识的掌握程度就会很高。

第二个误区，只要预习了就行了。

很多时候，家长并没有关注孩子真正的预习效果，更多的是只关注孩子是否有预习的行为。如果孩子预习了，家长就算完成任务，心里也就踏实了。

基于家长的这种心态，很多孩子在预习时就很敷衍：把书随便翻一翻，瞄两眼，就算完成了。这是一种无效做法。

第三个误区，认为预习是在浪费时间。

有些孩子，由于没有掌握正确的预习方法，导致预习的效果不佳，再加上学习习惯不好、学习效率不高，就会觉得预习是在浪费时间。预习一门课要 30 分钟，三门课就要一个半小时，都没有玩的时间了，慢慢地就越来越排斥预习了。

第四个误区，家长指望孩子自己做预习。

很多家长会对孩子说："你都这么大了，学习是自己的事，别人都行，你怎么不行？"家长往往用要求、命令、安排、指责的方式，让孩子预习，但从来没有真正教会孩子怎么预习。

事实上，孩子的自律性都是非常差的。因为，我们的控制力是由大脑决定的，大脑发育得相对成熟之后，才能拥有相对较好的自律能力。所以，孩子自律性差，家长不要怪孩子，而是要在孩子学习的时候，从外部给予一些力量，帮助他们养成预习的好习惯。

预习就是侦察的过程。

什么是真正的预习？预习的关键是什么？

预习，就是侦察的过程，关键任务是找出重点、难点、关键点、问题点，从而知道在课堂上要干什么，带着问题听讲。用部队攻占山头打比方，预习就是侦察部队先行。比如侦察发现 213 高地有三门山炮、546 高地有两挺机枪、118 高地有两门榴弹炮，进攻的时候针对这三个点进行精准火力覆盖，效率就会大幅度提升。这就是预习的价值。

我以前给 1~6 年级的学生上课，发现他们的专注力非常差。于是，每过三五分钟，我会拍拍手，给小朋友讲一个故事，或者采用提问、做小游戏等方法，把课堂气氛调动起来，抓回孩子的注意力，提高课堂效率。

如果孩子做好了预习，就会知道重点、难点、关键点，在书本上对应地用五角星、三角形、问号等符号进行标记。每当老师讲到这些地方，孩子就会提高专注力。

每天预习的孩子，至少在上课的前 5~10 分钟中，他的精力是相对比较集中的。没有预习的小朋友，由于对未来知识的不确定、恐惧或是担忧，在这个时间段，大概率会处于不太专注的状态。

通过预习，大概率会让孩子从漫无目标转向于有针对性、集中的学习模式。隔几分钟，集中一下专注力，课堂效率会大幅上升。

预习需要遵循的原则。

第一个原则，预习的时间不能太长。预习的目的，是找出重难点，关键点，所以每次预习的时间不宜过长。

第二个原则，预习的难度不能太高。如果一开始就给孩子分配了难度太高的任务，会打压他们的积极性，甚至直接导致他们打退堂鼓。可以试着从简单一点的开始做起，慢慢增加难度，这样孩子的接受度会更高。

第三个原则，预习过程中，家长要做好陪伴。比如预习语文，我会跟孩子一起把文章读三遍。

第一遍，读完之后，一起"清空"生字词。在他小的时候，我还会跟他一起比赛查字典、注音、组词，而且我会故意输掉，为的是让他有成就感。

第二遍，标记出重难点——就是一些难以记忆，或者容易出错的地方。

第三遍，我们用比赛的方式去读。他读一句，我读一句；他站起来大声读，我也站起来大声读。我们俩就比谁的声音大，比谁读得快。这个时候，他很喜欢跟我"对抗"，也很享受这个过程和氛围。他不会觉得这是在预习，而是在跟我玩游戏。在这个过程中，我看似是带着他玩，其实我是在玩的过程中，把预习的步骤，像种子一样播了出去。

这里，我想告诉家长朋友们：要时刻牢记，预习即侦察，是为了找出问题，而不是为了解决问题。最后，大家不妨思考一下：怎么样带孩子预习，他才会开心，并且愿意做呢？

第二节　科学预习的三大类型及三大要点

对于不同年级、不同水平的孩子，要采用不同的预习方法，才能发挥出最大效用。

孩子分为三大类型，适用的预习方法也不同。

第一，学期预习，这是"学神"干的事。

学期预习，更多的是走马观花，大致过一遍，不要求太深入。比如，在寒暑假，至少把语文、数学、英语全部过一遍，划出重点、难点、关键点。同时，把这三科的课文、公式、核心点都学一遍，并且初步掌握，下个学期就算不成"学神"也会很优秀。

第二，周预习，这是"学霸"干的事。

每个周末，家长要带着孩子做一次整体预习，把下一周可能要讲的语文、数学、英语的重点、难点、关键点，在书本上全部圈出来，这样孩子下一个星期就很轻松了。家长要注意，在你带着他做预习的过程中，一定要给孩子持续的、及时的正向激励。

第三，日预习，这是普通孩子干的事。

日预习，将要关注的重点、难点、关键点全部圈出来，并仔细揣摩。尤其是语文、数学、英语这些疑难问题较多的学科，必须每天都要进行。

需要注意的是，每个年级预习的时间不一样：小学阶段，单科预习时间建议 10~15 分钟；中学阶段，单科预习时间建议 15~20 分钟。一开始时间可以稍微长一点，随着预习习惯养成、预习方法渐趋熟练，时间可以相应减少。

不管是哪种预习，目的都是对未来知识点有一个系统的、全面的了解。把未来知识点中的重点、难点、关键点圈出来，进而提高听课的效率。

另外，在预习过程中，家长要注意几个关键点：

第一点，不用每一科都做周预习，但语文、数学和英语一定要做周预习。因为这三门科目能奠定基础，如果没有做到周预习，会影响后面的学习。

第二点，语文、数学和英语三科也要做到日预习，能理解就理解，对不能理解的点一定要及时锁定。

第三点，政、史、地、生这几个科目，并不一定要像语、数、英那样预习得很深入，可以当读故事书一样浏览一遍，把不懂的直接圈出来。

如果孩子真的能做到学期预习一遍，周预习一遍，还能坚持日预习，学习起来就会很轻松，也会变得越来越优秀。

有效预习需要注意的三个要点。

有效预习的标准，孩子对于整篇内容有基本了解，并圈出了真正的重点、难点、关键点。具体实施过程中，需要注意三个要点。

第一个，一定要跟孩子协商好专门的预习时间。比如，寒暑假期间，每天拿出两个小时做预习；或者周末下午，在3—5点这个时间段做预习；又或者利用每天睡觉前的30分钟，带着孩子做预习。

第二个，预习是"慢工出细活"，一两个星期是看不出来效果的。举一个例子，有一位合肥的家长，我刚认识她的时候，她因为孩子的学习，已经有点轻度抑郁了。

后来，我给她分享了一些关于预习、听课、写作业的方法。她每天早上起床就打开我的直播，或者听我的课程回放，并按照我的方法带领孩子预习、复习。6个月之后，孩子的学习情况有了翻天覆地的变化。

有一次，孩子放学回家，没有带钥匙，就坐在家门口，把书包放腿上，开始学习。妈妈看到这一幕，感慨万千，因为以前陪孩子写作业就像打仗一样，每次都得爆发战斗。后来，这位妈妈跟我说，因为她坚持学习、使用我分享的方法，并努力改进，才给孩子带来了巨大的变化。

第三个，不同年级有不同的侧重点。家长一定要记住，1~3年级，要重视预习意识的培养；4~6年级，要重视预习习惯的训练；更高年级，要重点关注"瘸腿"学科。

另外，在这一过程中，家长要注意两点。第一点，不要逼着孩子做，而应该是引领他做；第二点，当孩子抵触时，家长要控制情绪，不要做出或说出打击孩子的行为或言辞。

家长要时刻记住，你的目光聚焦在哪里，哪里就有生产力。当你的目光聚焦在孩子的进步上时，孩子一定会感受到自己被重视，并会开始接受预习，甚至是喜欢、享受这一过程。

教育工作有一个关键任务，就是教会孩子正确的事重复做，错误的事停止做。我经常讲一个案例，屋内有一只小鸟，想要飞出去，但一下撞到玻璃上，出不去。小鸟歇半个小时后，感觉那地方还能出去，又一下撞到玻璃上。就这样，前前后后撞了十多次，撞得头破血流，小鸟始终没能出去。

我们会怎么评价这只小鸟呢？觉得这只小鸟好笨，就不知道换个地方。其实，教育孩子也是如此，家长吼了孩子一千次，没啥效果，这时家长不妨换个思路，找找新的方法，比如鼓励、比赛、陪伴、单点突破等。如果哪种方法有效果，那么这就是正确的事，你就要重复做。

亲爱的家长，请记住：预习的目的是找出问题。这样，能让孩子的课堂效率至少提高 2~3 倍。

那么，你过去在引导孩子预习的过程中，有哪些事情是做对了，而且是你愿意重复去做的呢？

第三节   语文、数学、英语等学科的预习方法

每一科的预习重点不一样，预习方法也不一样。为了更清晰地帮助大家理解，我按照不同的科目，为大家讲解。

语文预习三读三步法。

对小学生而言，语文在任何时候都很重要，因为我们处于"大语文时代"，甚至可以说"得语文者得天下"。并且，语文可以提升孩子的文字功底和逻辑思维能力，这些都是孩子的底层能力，对所有学科的学习都有所帮助。

如果家长认识到语文的重要性，意识到预习的重要性，应该从 1 年级就带着孩子预习每一课，甚至每一个字、词、短语和句子。而且越早介入，学习就越省时省力；越晚介入，学习就越费时费力，效率也就越低。

小学生该怎么进行语文预习呢？我认为，至少有以下三个步骤。

第一步，粗读教材。

粗读并不意味着什么都不用记住，而是要做到以下

几点：

第一点，拿到语文课本后，带着孩子把课文大声朗读一遍。目的在于加深印象，知晓课文讲了什么。遇到不认识的字词，就直接跳过。

第二点，读完之后，有一个很重要的任务是"清空生字词"。我认为，清空生字词，在1~3年级，要占语文学习的70%的时间；4~6年级，占40%~50%的时间；7~9年级之后，占20%的时间。为什么时间会逐渐减少呢？因为越是低年级，生字词越重要。

清空生字词，大家可以这样做。

首先，在粗读教材时，把所有不认识的字、词圈出来。然后，拿出字典，把文章中圈出来的字、词，以及课后生字表中的字、词，都查一遍，并注音、组词，找到近义词和反义词。这会占据绝大部分的时间，但又很有必要，因为1~3年级的核心任务就是认字、认词。家长对孩子的试卷进行分析就会发现，语文基础知识中的形近字、多音字等，全是以词语的形式来考核的。

这个步骤相当于在打地基，地基稳固之后盖楼就会轻松了。

第二步，标记重点、难点、关键点。

再读一遍教材，把重点、难点、关键点、不懂的点，以及修辞手法、表现手法、形象特点、中心思想、主旨等涉及的词句标记出来。比如，可以用五角星划重点，用三角形划难点，用问号划不懂的点，用波浪线划出其他内容等，基本上用3~4种符号圈出即可。至于用哪种符号可根据自己的喜好进行选择，但前提是一定要让自己清楚。

第三步，精读教材。

把课文读第三遍。在读之前，先看一看课后题目，带着问题去读，并在读的过程中把课后问题的答案在原文中圈出来，这就相当于在做阅读理解题。等老师在课上讲这些题的时候，跟自己的答案比较一下。日积月累，阅读理解能力会不断提升。

在这三步结束之后，如果孩子愿意，有时间、有精力或者技巧比较娴熟的家长，可以引导孩子在书本或者笔记本上整理一份问题清单或者疑惑清单，这对他的未来很有帮助。

数学预习四步法：看、划、做、抄。

每天要适当做一下数学预习，哪怕花5分钟，都是有效果的。数学的预习方法，可以用"一看、二划、三做、四抄"来概括。

一看，就是通篇浏览。对于很多人来说，数学就是本"天书"。如果没有提前看，上课的时候，第一次遇到这样的题目，就会很茫然、很恐惧、很担心，导致听课效率不高。但提前通篇浏览之后，知道课上要讲什么，比如某个公式、元角分、立体图形，心里就会有底了。

二划，划出数学的重点、难点、关键点，比如读不懂的词、搞不懂的概念、理解不了的公式。划出这些之后，就知道上课要重点听什么内容、解决哪些问题、记住哪些公式，这样，所有问题在课上就能轻而易举地解决了。

三做，做课后题。很多家长要求孩子在做课后题时必须全做完，必须全搞懂，这是错误的。家长要记住，在预习数学时，做课后题要遵守三个原则：

第一个，有时间要全部做，没时间就做二分之一，甚至只做三分之一。

第二个，遇到不会做的，有时间就把它搞懂，没有时间就圈出来留着上课去听。

第三个，对上完课还是搞不懂的课后题，赶紧问老师。

四抄，把不会的题目抄到错题本上，集中去解决。

英语预习，把课文熟读成诵。英语的预习大体和语文差不多，最大的区别在于，要跟着示范的音频，把课文熟读成诵。

我有一个朋友，在某高校当老师，从事同声传译工作，他能用英语把中医的相关内容翻译得特别好。有一次我们一起吃饭，我问他："你的英语怎么学得这么好？"他说："学英语最错误的做法，就是只知道死记硬背单词，因为光记住单词没有用，单词只有在句子中形成语境后，才会有意义。我上课之前会把文章读熟，上完课之后把每一篇文章熟读成诵并默写，再把《新概念英语》里的每一篇文章熟读成诵，每一篇都背得滚瓜烂熟。这样，就可以保证我有足够的语感。"

因此，我建议大家在预习英语时，跟随示范音频把课文熟读，甚至背诵下来。如果情况允许，可以在上完课之后的一定周期内把课文默写出来。这样，你的阅读水平和写作水平自然会提高。

除此之外，还有一个小窍门，就是指着每一个单词大声读。其实很多孩子粗心，往往是因为视知觉出问题了。由于视觉聚焦能力、视觉分辨能力、视动协调转化能力等不足，导致看错字、看漏行、跳错字、左边大右边小、上边大下边小、b 看成 d、3 看成 8 等问题。当我们指着、看着、大声读出来的时候，就能有效解决这一问题。

其他学科，强标记、强理解、强画圈。就具体的预习方法而言，初中生在预习生物、地理、历史、政治等学科时，主要是要做到：强标记、强理解、强画圈，坚持执行。

我上初一时，有一次，前一天刚上完生物课，第二天就考试，全班 53 个人，我考了 97 分，别人却只考了二三十分。后来，我才知道自己之所以能考高分，是因为我在上课前的一个晚上做了预习。我一直有预习的习惯，要是前一天晚上没有整段的时间，我就会利用闲暇时间、碎片时间做预习，就像读小说一样，把第二天要上的生物课内容看了一遍。

在此我想说，作为家长，潜移默化地带着孩子做预习，不需要讲太多大道理，做得多了自然就会形成肌肉记忆，孩子自然而然会主动做预习。

大家不妨想一想，如果孩子做不到学期预习，那你应该怎么样做，才能把孩子的周预习落实到位呢？

第四节　预习习惯培养：55387 定律

学会预习方法之后，关键是带着孩子在日常学习中进行实践。但在实践过程中可能会出现各种各样的问题，这时候就需要一些方法去解决。

预习时找重点的几个小窍门。

有家长反映，在带孩子做预习的时候，不知道怎么才能快速找到重点。下面，我告诉大家几个小窍门：

第一，基础知识是重点。语文的多音字、形近字、双声字、成语以及课后问题，数学的概念、公式、定理和例题，英语的一些词语和短语，都是重点。

第二，可以在相关教辅材料上查阅。现在的教辅材料，把每一节内容的重点、难点、关键点，早已经汇总到位，根本不需要你去进行过多的思考，只是需要家长花费一定的时间去查阅。

第三，预习时，重要的不是马上把重点、难点划出来，而是在陪伴孩子的过程中，给孩子传递找重点的意识、培养孩子找重点的能力。如果孩子在与你的互动沟通中，拥有了出题人的意识、出题人的思维，遇到一篇语文课文，就开始找形近字、多音字、双声字、成语，开始找修辞手法、描写手法、中心思想，那恭喜你，你的辅导已见成效。

引导孩子预习，运用"55387定律"。

还有家长反映，在带孩子做预习的时候，孩子很不配合，说了很多道理也不管用。针对这种情况，有一个"55387定律"，供大家参考。

首先，在跟孩子互动的过程中，情绪状态起决定性作用，占55%。如果你是"炸毛"状态，孩子一定逆反；如果你是"温暖"状态，孩子一定配合。其次，家长跟孩子沟通的语气、语调和语境，占38%。最后，家长跟孩子沟通的内容，只占7%；

说白了，预习只是7%的事情，家长不要把7%的事情，上升到38%甚至55%，否则就会得不偿失。因此，家长引导孩子时，不管是预习还是做其他事情，都要注意"55387定律"的应用。

　　另外，不能只看到孩子不配合的表象，要透过现象看到本质，想一想你以前是不是在哪些方面做得不够，比如亲子关系、夫妻关系等。家长如果希望孩子配合你做预习或者做其他事情，务必要在亲子关系、情感等方面不断付出。亲子关系变得好了，孩子自然也就愿意配合你了。

　　让孩子快乐预习，享受预习。

　　在让孩子慢慢学会预习，甚至成为一种习惯的过程中，要让孩子快乐预习，享受预习的过程。

　　在这里，我推荐几个比较有趣的小方法：

　　第一个方法，"小老师法"。

　　小老师法很简单，就是家长当学生，孩子当老师。在家里布置一个小课堂，让孩子站到讲台上，给家长讲一讲语文的字、词、成语、关键句，或者讲一讲数学公式、运算技巧等。

　　美国著名学者、学习专家爱德加·戴尔 1946 年提出的"学习金字塔模型"（见图 3-1），是美国缅因州国家训练实验室的一项研究成果，它用数字的形式形象地展示了学习者采用不同的学习方式在两周之后的知识留存率。

　　如果孩子只是在课堂上单纯看书、听课，两周之后知识留存率只有 5%；如果通过教授他人的方法学习，两周之后知识留存率是 90%。也就是说，同样的内容，应用不同的方法，知识留存率相差 18 倍。

图 3-1　学习金字塔模型

当孩子给家长讲未来要上的课，或者已经上过的课时，孩子的知识掌握率将会大幅度提升。为什么呢？因为在讲课的过程中，孩子受到了尊重，有一种万众瞩目的感觉，这会促使他的学习动力得到进一步提升。

在孩子讲课的过程中，家长要做两件事情：一是懂得示弱，要像一个学生一样认真听，时不时给孩子鼓个掌，让孩子感觉到被认可；二是适当提问，主要是基于自己认为的重点、难点、关键点进行提问，这会促使孩子进行主动思考、加深记忆。

第二个方法，鼓励法。

我建议，家长可以在家里布置一面鼓励墙，每天针对孩子在某一个领域的一些不错的细节，写成纸条贴在墙上进行重点鼓励。每天写两三个，一两年下来能贴满一整面墙。

但是要注意，不能眉毛胡子一把抓。在鼓励孩子、肯定孩子、夸赞孩子的过程中，要重点突破，一个阶段只夸一个方面，比如这个阶段只夸预习，一个月之后只夸复习，再一个月之后只夸听课，一项突破之后再进行下一项。

第三个方法，不管孩子预习做得好不好，都要给孩子正向的反馈。

比如，今天孩子主动准时拿出书本，坐在桌子前开始预习了，家长要及时关注到，关注到之后要及时给他肯定，可以摸一摸他的头，说："妈妈注意到，我没有提醒你，你自己开始预习了，这就是主动。"当你这样做的时候，孩子会感觉到自己被看见了、被关注了，就会更愿意去预习。

家长能否及时、持续、长期地给予孩子正向反馈，取决于家长的那颗心。如果家长很急躁，就看不到孩子的优势；如果家长很安定，就很容易看到孩子在学习过程中各种温暖的细节、进步的细节，这也间接考验了家长愿不愿意向内不断成长。

初中生要坚持"有"预习。对于初中生来说，前面讲的预习方法也适用，但因为初中科目多、任务重，分配给每一科目的时间也相对更少，因此，对于初中生而言，预习更重要的是一个字：有。对于质量的要求，就没有那么高了。之所以这么讲，是因为：

第一个原因，初中生一年要接收的知识量和要完成作业量，是小学阶段总和的 4~7 倍，他们的时间真的很紧张。能坚持预习，就显得更为难能可贵；第二个原因，"有"在于加深印象，初中阶段的学生已经具备更强的理解能力和分析能力，只要保证有预习，就能强化知识点的记忆与理解，学习效率自然也会得到提升。

家长朋友们要知道，预习是一个长期工程，就像栽树，只有在 1~3 年级播种，在 4~6 年级浇水施肥，在 7~9 年级乃至以后才能成材。

那么，你是如何培养孩子的预习习惯的呢？以下是我整理的学霸预习习惯小清单（见表 3-1），供大家参考。

表 3-1　学霸预习习惯小清单

内容	细节	备注
制订预习计划	确定每天的预习时间段，设定每周要预习的科目和内容	根据自己实际情况确定是否需要周预习
预习材料准备	提前准备好课本，搜集相关的参考书籍和学习视频	家长提供必要的支持和陪伴，关键是鼓励到位
预习步骤	快速浏览或读即将学习的章节再读或浏览，并标记重点、要点	根据各个科目以及孩子实际情况，结合本章内容适当调整
预习后的复习	复习预习笔记，准备好课堂上要提问的问题	根据情况决定是否做
家长的支持	监督孩子的预习计划和落实，在孩子遇到难题时提供帮助	家长盯优势，及时鼓励是关键

第四章

把握好课堂 40 分钟，
胜过课后 3 小时

第一节   有效听课的两大误区及两大准备

大家都知道把握好课堂的时间，孩子才能学得好。但是，孩子在听课的时候，却有以下两大误区。

第一个误区，认为听课就是听老师讲课，是很简单的一件事情。持有这种观点的学生，在听课的时候，就会无所事事，左耳进右耳出，像听评书、相声一样，听完了就完了，什么也没记住。

第二个误区，认为听课要刻苦记笔记。有些学生把听课当成了记笔记，生怕漏掉老师讲的每一个字、每一个词，到最后发现记得越勤奋、记得越多，对知识点的掌握反而越少，成绩反而没有得到提高。因为，听课的本质，在于听懂，而不在于记笔记。

做到有效听课，要做好两大准备。

什么样的听课才算是有效的呢？

我认为，有效听课的核心标准就是掌握预习时的重点、难点、关键点，把不懂的问题全部解决掉。再深一步，就是能将老师讲的内容复述一遍，或者以思维导图的形式呈现出来。

如果孩子都实现了，就是有效听课；如果依然有很多卡点，那听课的效率就还有待提升。

要想让孩子做到有效听课，且效率很高，需要做好两方面的准备，一是物料准备，二是状态准备。

第一大准备，物料准备。

在生活中，一些孩子没有良好的生活习惯，书桌上一团糟。这种孩子上课前不可能把书本、笔记本、笔等物料一一准备到位，就会导致他上课时一会儿翻书包找书，一会儿翻桌子找本，一会儿翻文具盒找笔，既担心跟不上老师讲的内容，又因为找不到文具着急，一节课中很长一段时间就在提心吊胆中度过了。这就是典型的没有做好物料准备。

针对这种孩子，我的建议是：

第一个，把桌面清理干净，准备上课需要用到的物品，比如，上数学课要提前准备尺子、圆规等。这一步大概 30 秒就足够了。

第二个，不管有没有提前预习，在文具摆放好之后，把需要的书本准备到位，这也只需要 20 秒。虽然加起来只有 1 分钟左右，但是做好这些准备，你的听课效率就会有显著提升。

第三个，打开书本粗略浏览。你可以利用课前 1 分钟，安安静静地把本节课要学习的内容翻一下，或者通读一遍，知道本节课要讲哪些内容。有时间的话，适当整理一些问题，这样带着问题去听课，往往会有事半功倍的效果。

除了上课前的准备，课后做些"收尾工作"也很重要。一般情况下，我鼓励孩子们在下课之后的"黄金两分钟"做三件事。

第一件事，下课后不要立即离开座位，用30秒的时间，把老师讲的重点、难点、关键点，通篇浏览一遍；第二件事，再用30秒的时间，把笔记本中记录的关键点、核心关键词、联想问题等整体过一遍；第三件事，眯上眼睛，用1分钟的时间，回忆一下这堂课大概讲了什么内容，有哪些重要的知识点。

艾宾浩斯遗忘曲线显示（见图4-1），遗忘在学习之后会

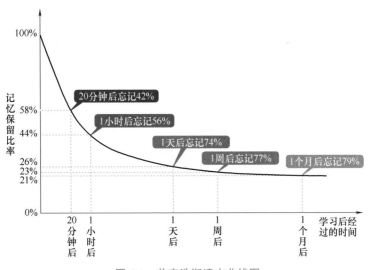

图4-1　艾宾浩斯遗忘曲线图

立即开始，而且遗忘的速度在最初会很快，之后逐渐减慢。如果刚学完的记忆保留比率是 100% 的话，20 分钟后，记忆保留比率就会锐减到 58%，1 小时后则进一步降到 44%，再过一天，就仅仅只有 26% 了。如果在课后能用 1~2 分钟做这三件小事，就可以大大提高记忆保留比率。

第二大准备，状态准备。

关于状态准备，我有以下几个小建议：

第一个，课间不要打闹。课间，顾名思义就是课堂之间的间隙，主要是用来休息，为下堂课积蓄能量，而不是用来打闹。有的孩子喜欢打闹，上课前气喘吁吁地跑回座位，严重影响学习的状态。尽量引导孩子不要打闹，但也不要走极端，就让孩子坐在教室一动不动，这也不对。

第二个，如果有需求的话，课间一定要去上厕所。有一些学生经常会在上课时举手报告要上厕所，而如果老师比较严厉，学生就不敢跟老师说，一节课大部分时间都在想着上厕所的事儿，根本无法安心上课。所以，为了上课能安定下来，孩子课间一定要去厕所。另外，家长要让孩子带一个水杯，装一些温水。太热或太冷的水都可能会引起孩子的不适，进而影响孩子的课堂状态。

第三个，课间至少拿出 5 分钟来休整。家长或老师一定要引导孩子在课间走出教室，呼吸一下新鲜空气，这样，孩子的状态才会更好。或者闭目养神，让大脑得到片刻的休息和调整，为接下来的课堂学习做好准备。有了这 5 分钟的调整，孩子在接下来的 40 分钟里，就能保持高度的专注力。

第四个，有一些孩子在课前容易紧张，这类孩子可以尝试在课前做"静心 60 秒"。上课之前，提前 30~60 秒来到座位上，闭上眼睛做深呼吸，在一呼一吸之间，孩子躁动的心慢慢就会安定下来，这对提高听课效率有很大的帮助。

在这两个准备方面，孩子经常犯一些错误。

第一个错误，孩子在上完一节课后，没有走出教室让大脑歇一歇，而是埋头继续做 5~10 分钟的题，让大脑一直在高速运转。那他们在上下一节课的时候，无论是物料准备，还是状态准备都没有做到位，就会导致上课效率非常低。

第二个错误，下课立刻就跑出去，在课间疯狂打闹，上课铃响才跑回教室。老师已经开始讲课了，他还在慌里慌张地找课本、找笔、找笔记本，还不知道老师在讲什么。

这就相当于他的课堂前 5~10 分钟是在持续亢奋的状态下度过的，等物料和状态都准备好之后，课已经进行一段时间了，还得抓紧跟上老师的进度，整堂课的状态除了慌张还是慌张。

第三个错误，认为上课不需要做任何准备。他们在上课前，既没有准备物料，也没有调整状态，虽然没有疯狂打闹，但由于没有任何提前准备，听到的全是新的内容，全靠现场吸收，课堂效率也比较低。

亲爱的家长朋友，有效的听课习惯是需要慢慢培养的，一味地要求是没有用的。你可以想想，你的哪些做法对孩子听课有帮助？

第二节　打造课堂专注力的六个方法

有很多家长反映，孩子上课不专心，要么走神，要么做小动作，很苦恼但又不知道怎么解决。

其实，解决这些问题并不难，要先找出孩子听课不专注的原因，然后再给予他们正确的教育和引导。那么，导致孩子上课不专注的原因有哪些呢？

孩子上课容易走神的三大原因及对策。

第一个原因，孩子感统失调。

感统失调的典型表现是好动、注意力不集中、身体平衡能力差等。如果孩子经常坐卧不安、心神不宁，很难在一个地方待很长时间，家长就要去做回望：自己在孕期是否情绪比较暴躁、比较焦虑；孩子出生之后，母乳喂养的时间有没有达到 8 个月以上；孩子爬行时间是否超过 1000 个小时等。

这些小细节，虽然对孩子的专注力不起决定性作用，但确实有影响。针对这样的情况，给大家几个小方法。

第一个小方法，家长可以带着孩子，大量做运动。无论是小肢体的运动，还是大肢体的运动，对提升孩子专注力，都有非常大的帮助。

很多家长以为，带着孩子到楼下走一走、跑一跑、转一转，就是运动了，其实不然。要想真正产生效果，需满足以下三点：一周至少要做3~4次专业运动，每次至少超过40分钟，每次要出汗。

第二个小方法，每天睡觉前，给孩子（尤其是12岁之前的孩子）做10~20分钟的抚触。家长可以通过网络或者其他渠道找一些视频，坚持给孩子做抚触，这对孩子的精神状态、内心安定、安全感，有着莫大的帮助。

第三个小方法，去专业的感统机构，进行相应的训练。这种方法费用比较高，有条件的家庭，可以尝试一下。

第二个原因，孩子情绪过载。

所谓情绪过载，就是孩子产生的负面情绪，超过了他自身情感承受的能力。孩子出现情绪过载的情形，一方面可能是因为其原生家庭环境的"磁场"比较恶劣，比如，爸爸妈妈经常吵架，孩子的内心需求被忽略，长期生活在一个高度紧张、充满负能量的环境中，就会堆积大量的负面情绪。

另一方面，家长没有教会孩子管理情绪的能力，遇到问题就以骂、吼、揍、催促、恐吓等方式来解决。孩子在这种环境之下生活久了，内在的负面情绪会积压得越来越多，久而久之会进入情感隔离状态。一旦孩子进入情感隔离状态，就会出现发呆、神游的情况，轻声喊两三遍他都听不见，必须大声吼一下他才能听到。如果孩子进入这样的状态，听课效率会极其低下。

第三个原因，孩子不懂听课技巧。

很多家长都会告诉孩子，要认真听课，要认真做笔记。殊不知，光认真是远远不够的，还要讲究方法。

家长应该做的是教孩子怎么认真听课。比如，老师讲话时，孩子要盯着老师的眼睛；老师在黑板上写东西时，孩子要盯着黑板；老师划重点时，孩子要及时在书本上圈出来或者在笔记本上记下来。

课堂上保持专注的六个方法。

家长要意识到"功夫在课外"。对孩子专注力的培养，仅仅靠老师课堂上训练是不够的，也需要家长在课外来加以培养。这里，我给大家提供几个方法：

第一个方法，停止对孩子的催促、吼叫、刺激、威胁、控制，甚至打骂。

这就是 6 把"刀"，而且刀刀见血。如果家长能够减少，甚至停止这些做法，孩子的负面情绪会越来越少，内心也会越来越安定，课堂专注力自然也会得到提升。

第二个方法，父母避免在孩子面前争吵，相互打击，可以适当在孩子面前"秀恩爱"。

父母这样做，会让孩子感觉到家庭的温暖与安全，这样他内心就会少很多焦虑与躁动，状态也会越来越好。

第三个方法，做好家校配合。

如果家长能够和老师建立良好的关系，使得老师经常能够在类似课堂这样的公开场合表扬、鼓励孩子，对于孩子专注上课，主动回答问题，是非常有帮助的。

第四个方法，带孩子一起做专注力训练。

家长可以带孩子去游泳、爬山、攀岩、骑平衡车，或者做其他有助于提升专注力的运动项目，对孩子的专注力的提高也会有很明显的帮助。

第五个方法，巧妙运用舒尔特方格。

这原本是飞行员训练专注力的一个方法。读书的时候，很多孩子会看错字、看错行，这些其实都是视知觉有问题，可以试一下舒尔特方格。

舒尔特方格是在一张卡片上，画多个小方格，把数字或字母随机地写在方格里。让被测试的人用手指按顺序依次指出数字或字母的位置，同时诵读出声，测试的人在一旁记录所用的时间。数完数字或字母所用时间越短，专注力水平就越高。

比如，1年级的小朋友要认识数字1~9，家长在纸上画

出 9 个小方格（见图 4-2），随机填好
1~9。然后，家长带着孩子指着数字从
1 一直找到 9，同时大声念出来，并记
录一下时间。就这样每天训练 5~10 分
钟，训练 3 个月，孩子的专注力就会有
大幅度的提升。

9	1	2
5	3	8
7	6	4

图 4-2　舒尔特方格

　　第六个方法，也是最重要的一个方法，就是为孩子不断
创造心流体验，使其进入心流状态。

　　"心流"是由美国心理学家米哈里·契克森米哈赖于 20
世纪 70 年代首次提出的概念。它描述了一种人们在全神贯
注的状态中体验到的心理状态。在心流状态下，人们会感到
高度专注，自我意识减少，时间似乎过得非常非常快，且行
为伴随着自然的流畅感。

　　如何帮孩子创设心流的情境呢？首先，尽可能给孩子准
备一个独立空间，创造一个舒适的、安全的、温馨的、安静
的学习环境，营造一个良好的学习氛围。

　　其次，孩子的专注力比黄金还要珍贵，不要随意打断孩
子学习。比如，有些家长在孩子学习的时候，一会儿端盘水
果，一会儿送杯水，这种做法是在摧毁孩子的专注力。

　　如果孩子正在学习，吃饭的时间到了，真正有智慧的家
长，会等孩子学习完再让他吃饭。因为，孩子进入心流状态
的时间越长，他的专注力提升得越快。

最后，经常带孩子出去放松，让他心情愉悦，他就越容易进入心流状态。

当然，家长也可以带孩子去图书馆，让孩子安安静静地看书。但需要注意的是，这个时候尽量不要打断他。这样，时间长了，孩子在课堂上的专注力会得到极大的提升，孩子也会更容易对学习产生兴趣。

这里，我想告诉家长的是，对孩子课堂专注力的培养，主要是在课外进行的。你不妨想一想，你平常做过哪些破坏孩子的专注力的事呢?

第三节　做笔记的三种误区及三个要点

做笔记，是为了复习和知识的巩固及更新，是为了从更深层次上掌握所学的知识。一个爱做笔记的孩子，明确了重点和难点，不管是日常复习，还是考前复习，效率都会很高;一个不做笔记的孩子，抓不住重点，复习的时候，效率会很低下。做笔记与否，对孩子知识的掌握程度，影响非常大。

做笔记不要陷入这三个误区。

知道了做笔记的好处，再来看看做笔记的误区。

第一种误区，不做任何笔记。

有些孩子在上课的时候，老师怎么讲他就怎么听。脚踩西瓜皮——滑到哪里算哪里，不会做任何笔记。

第二种误区，什么都要记下来，生怕老师讲的关键点没记住。

还有一些孩子，内心有一种匮乏感，他们会在课堂上疯狂地做笔记，以至于忘了听课。这样的孩子，成绩一开始可能还说得过去，可到了一定阶段，成绩反而会变得特别差。因为他们忽略了做笔记和听课之间的关系。

第三种误区，乱做笔记。

有一些孩子做笔记没有章法、没有规律、没有重点，虽然做了笔记，但笔记潦草。复习的时候，根本抓不住重点，达不到效果。

有一次我跟儿子的老师交流，老师说有一些家长很喜欢问自家的孩子最近学习怎么样，老师就特别想告诉家长，只要看他的笔记做得怎么样就知道了。

我对老师的这个观点非常认同。我也发现她班上有一部分孩子，在书本上要么画一些卡通小人物，要么画一些小花，或者其他乱七八糟的东西，就是没有做任何笔记。据老师说，这些孩子上课时专注力特别差，成绩也不算好。

还有一种孩子，他们在书上这里记一点儿，那里记一点儿。老师反馈，这些孩子的成绩一般属于中等水平。

最后一种孩子，他们记的笔记有重点、有关键内容，事实证明，他们学习也特别好。

所以，看一个孩子的笔记，就能了解他关注的细节、学习习惯，以及精神状态，进而可以看出他学习的效果。

引导孩子做笔记的预备步骤。

应该如何引导孩子做笔记呢？下面，我分享一下我的方法：

参照孩子的笔记，做一个笔记模板。

家长结合孩子记的笔记以及教辅材料，给孩子做一个范本，也就是笔记模板。让孩子知道，原来笔记是这样做的。

当笔记模板做好之后，我们把从预习，到上课，再到课后复习，这三个阶段全部汇总到一个笔记当中。在带孩子复习的时候，现场演练，让他感受到好的笔记对提高他对知识的掌握率确实有很大的帮助。

在做笔记模板和讲解的时候，家长容易走入两个误区：第一，给孩子讲讲什么是笔记模板，他就会了；第二，教孩子一遍怎么做笔记模板，他就会了。但实际情况是，从有意识到初步了解，到基本掌握，到熟练运用，再到不拘泥于形式，是一个漫长的过程。家长要知道这个规律，每个阶段有什么目标，每个目标用什么策略，知道每个阶段用什么方法，让孩子自己对做笔记产生兴趣，学会做笔记。

其实，做笔记的精髓，就是能记录关键点、关键词和问题点，以便后面复习。

教会孩子使用康奈尔笔记法。

如果想在课堂上抓住老师所讲的重点内容，教孩子使用康奈尔笔记法。

孩子们对于康奈尔笔记法的学习和运用的掌握程度差异比较大：50% 的孩子不知道康奈尔笔记法是什么；30% 的孩子知道但是做不到；20% 的孩子会在预习、听课、复习三个环节，运用康奈尔笔记法。在学习和运用康奈尔笔记法后，孩子的成绩会大幅度上升。

康奈尔笔记，主要分成三个部分：笔记区、线索区、总结区（见图 4-3）。我们把一张 A4 纸上下分成两部分，其中

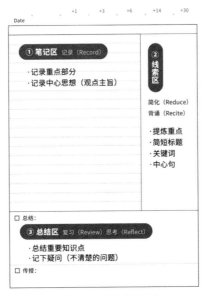

图 4-3　康奈尔笔记法

下面四分之一的部分叫"总结区"。再左右分成两部分，其中右侧三分之一的部分叫"线索区"，左侧三分之二的部分叫"笔记区"。

在预习时，我们可以把关键点、难点或者觉得有必要的点，都记在笔记区。通过笔记区，就能知道这篇课文或者这个章节、这个段落，大概讲的什么内容。有了笔记区的记录，主要内容就能一目了然，这会让孩子的专注力大幅度提升，从而提高上课效率。

线索区，可以理解为"关键词区域"，用来记录老师提醒我们要注意的核心词，比如关键的概念、关键的语法、关键的修辞手法和描写手法、主旨概括等。通过线索区记的关键词，可以大概了解笔记区的内容，甚至推理出整篇课文大概讲了什么内容。

总结区，也叫思考区，在预习、听课、复习的过程中，都有可能涉及。比如预习时，可以把搞不懂的问题记在总结区；听课时，可以把没听明白的知识点记在总结区；或者，突然对一个主旨，有一些不一样的心得感悟，又或者，有了一些特别大的收获，都可以记录在总结区。

在听课的时候，重点是笔记区，要详细地做一些记录，线索区和总结区至多记录两到三个点，内容可多可少，有就写，没有就不写，占用时间不宜过长。

这里需要提醒大家，使用康奈尔笔记法不在于形式，而在于三个关键区域的相互配合。真正理解笔记的精髓之后，哪怕不使用康奈尔笔记法，但孩子的惯性、肌肉记忆在，孩子在书本上、在空白区域记，一样可以取得特别好的效果。

在这个形式背后，是把预习、听课、复习三个板块通过内在的逻辑串联起来，从而进一步提升自己对知识的掌握率，这是关键。

关于做笔记，再给大家分享几个方法：

第一个方法，五到学习法。所谓"五到"，就是在听课时做到耳到、眼到、口到、心到、手到。

第一，耳到。就是要高效听课。

第二，眼到。就是老师讲课时看老师；老师写板书时看黑板；老师讲重点时，根据老师的提示，在书本上划重点。总而言之，我们的眼神，要跟随老师的状态，不断调整。

第三，口到。我们的嘴巴，要跟着老师的声音，不断地去重复、互动、回答问题。依据学习金字塔模型，重复比单纯地听课，效率要高很多倍。

第四，心到。就是要有专注力，用心去听。

第五，手到。就是在听课中，我们一定要动手做笔记。好记性不如烂笔头儿，千万不要觉得自己知道就不用记了。

第二个方法，孩子年龄不同，笔记侧重点不同。

这里，主要分为 1~3 年级、4~6 年级两个阶段。大家可以根据自己家孩子的年龄，参考相应的培养方法。

1~3年级，更多的是"播种"。比如，在孩子放学回到家之后，我们跟他探讨，今天的课有哪些关键的词，有哪些关键的内容，有哪些关键的思考或者总结，和孩子一起在书中划重点，做记录。在这个阶段，不一定要严格地使用康奈尔笔记法，但我们要有康奈尔笔记法的思维意识。

4~6年级，家长一定要把做笔记需要的道具准备到位。如果有条件，可以给孩子买一个活页版的康奈尔笔记。有了这个道具，他就容易做记录。如果孩子不愿意做笔记，家长要跟他讨论而不是要求，要跟他交流而不是命令，去培养他做笔记的意识和习惯，否则容易适得其反。

第三个方法，借助第三方的力量。

如果孩子不愿意做笔记，家长沟通也不管用，这时，家长可以借助第三方的力量。

比如，跟老师做一些沟通，必要时邀请老师出面，让他来看一看孩子的笔记，适当地给孩子提出一些要求和建议。

第四个方法，多给孩子正向反馈。

做笔记是一项技能。想要孩子学会这项技能，家长在他做这件事的时候，必须给予正向反馈，给他语言上的鼓励、肢体上的肯定，甚至其他各种形式的激励。让他感觉做笔记是开心的事，做康奈尔笔记是更开心的事。

做笔记的根本目的，是提高孩子对知识的掌握率，是提高复习效率。笔记是学习闭环中的关键环节。那么，你做了哪些引导孩子养成做笔记的习惯的事呢？

第四节　孩子不提问的三个原因及两点建议

找到孩子不愿和老师互动的原因。

在课堂的 40 分钟里，孩子积极地与老师互动很重要。但很多孩子不愿意和老师互动，主要有以下几个原因：

第一个原因，孩子自身的问题。

有些孩子上课的时候处于紧张的状态，比较害羞，怕出错，因而不敢提问。对于这一类的孩子，家长和老师需要多多鼓励，营造更轻松的课堂氛围，让他们勇于举手，乐于举手。

第二个原因，个别老师的教学方式有问题。

有些老师的教学手段比较单一，课堂氛围死气沉沉，学生没有提问的兴趣。这就要求老师们不断地提升教学水平，探讨、研究和实践行之有效的教学手法，来激发学生提问题的兴趣。比如，可以采用物质奖励或者精神奖励的方式，不断给学生制造一些小惊喜，效果也相当不错。

第三个原因，家长的负反馈。

有些家长习惯用打压、否定、刺激、威胁、控制的方式教育孩子，这会让孩子内心没有力量，自卑，上课时因为担心自己回答不好而没有勇气举手。反之，有一些家长教育孩子是用滋养的、呵护的、鼓励的、欣赏的、引导的方法，激发了孩子的内在力量，孩子在上课时就会不断地举手和老师互动，因为他们觉得，即使回答得不好，也是学习的好机会。

引导孩子提问，针对不同类型的孩子采用不同的方法。

不愿意提问的孩子也是有不同类型的，所以在引导孩子提问时，要根据不同的情况，采取相应的方法。

第一类，不知道怎么提问。

之前，有一个合肥某中学的女孩子来找我。数学满分120分，她能考112分，但语文满分120分，她却只能考85分左右。

我问了这个女孩三个问题：

第一个问题，数学是怎么学的？因为数学能考112分是很优秀的。她说："我平常就是做题，整理错题，然后再复习。"我说："你语文能不能每天做一篇阅读理解，然后去深度思考阅读理解的规律和方法？"

第二个问题，上数学课的时候是怎么做的？她说："我上数学课时，会提前预习，整理出很多问题，然后在课上质疑老师：为什么，凭什么，怎么回事。"我说："语文课上，你又是怎么做的？"她说："老师怎么讲，我就怎么写。"

我就问她："你发现没有，数学课上你是主动思考、主动学习，语文课上你是被动思考、被动学习，结果，你数学很优秀，语文却比较差。"

然后，我让她在语文预习的过程中，做三件事：第一件事，把所有的重难点标出来；第二件事，把所有的课后题做出来；第三件事，用"5W1H 法"进行分析，也就是 Why、What、Where、When、Who、How 的方法，去整理关于这篇课文的问题清单。

第三个问题，语文有没有考得很好的时候？她说："小升初时考了 96 分。"我问她："是怎么做到的？"她说："妈妈天天带着我听写和做阅读理解的分析和讨论。"我就问她妈妈："现在还带着女儿做吗？"得到否定答案后，我建议她继续带着女儿去做阅读理解一些规律的分析和讨论。

这三个问题，表面上是让这个女孩去关注阅读理解的规律和方法，实际上是一种思考，而思考的背后是理解、掌握、记忆、通达和高分。

我们要经常通过一些案例，让孩子知道思考对他的价值。然后，通过探讨，带着孩子去思考。在这一过程中，我们不要直白地告诉孩子"你要思考，你要积极，你要主动"，而是告诉他们"看一看这篇课文讲了什么，这篇课文你怎么看，那篇课文你怎么看？"引导孩子思考。教孩子知识的同时，也传递了学习的技能。

一方面，孩子思考了，就会产生问题；另一方面，当家长的养育方式、认知方式调整之后，会给到孩子更多的信心和力量。孩子有了内在力量后，当有问题时，他就会有勇气提问。另外，必要的话，家长要学会家校合作，让老师在课堂上专门对孩子提问。

第二类，因为自卑不敢提问。

有的孩子即使有不懂的问题，也不愿意提问，这样的孩子往往有自卑心理。这种自卑的孩子有以下两种。

第一种，欠"债"太多。这里所说的"债"，就是他们没掌握的知识。因为他们以前欠"债"太多，所以他们认为，即便提问了，老师也讲了，他们依然不明白。面对这样的孩子，家长一定要帮孩子把所有欠缺的知识都补上。

第二种，要么怕老师，要么没有力量。孩子出现这种局面，是由于家长的认知系统、信念系统、做法系统、行为系统存在一定程度的欠缺，导致孩子心理受到创伤，行为也出现偏差。也就是说家长过去欠"债"了，因此，家长必须为自己的"债"，担负起这个责任。在孩子回家后，家长只能深度陪伴，带着孩子去梳理每一篇课文。

无论对以上哪种类型的孩子，我给大家两点建议。第一，哪怕孩子有一点儿变化、有一点儿进步，家长一定要捕捉到，并及时地给予语言上或者肢体上的激励。第二，单点突破。除了调整中长期的策略以外，在短期层面上，每一到两天专门在上课互动和提问方面跟他进行探讨、沟通。只要发现一点点变化，就写鼓励话术并贴在墙上，每次写 3~5 条，或者采取其他形式的激励方式。持续一个月之后，孩子的进步就会特别明显。

让孩子积极发言的两点建议。

第一，和孩子探讨在学校的表现，并准备一些小惊喜。

在亲子关系融洽的情况下，1~6 年级的孩子回家后，父母可以在孩子写作业之前，利用 10 分钟的时间和他探讨一下：今天孩子在学校遇到了什么开心的事？有没有玩得特别好的同学？课堂上有没有发生什么特别有趣的事？进而自然地询问其有没有在课堂上发言？如果没有，就一笔带过；如果有，家长一定要用夸张的表情和语言对孩子进行肯定。

另外，每天准备一些孩子比较喜欢的小礼物，随机地给他奖励。让他知道只要积极发言，就可能得到小惊喜，他的感觉慢慢就上来了。

第二，洞悉孩子不愿意发言的本质。

家长不要因为孩子上课没有发言就说他。如果孩子真的遇到不懂的问题，但是不敢提问，那家长需要知道根源是什么。孩子不愿意提问，本质不在课堂，而在于家长的认知和家长的行为给孩子的影响。

主要有以下几种原因，大家不妨对照一下。

第一个原因，孩子的不敢只是表面现象，本质在于孩子曾经做过一些新鲜尝试，但没有获得好的结果。比如，孩子做出尝试之后，被家长打压、否定、刺激，甚至是嘲笑、威胁和比较，所以他很害怕。或者，由于家庭环境中的一些经历，导致孩子害怕新的尝试，以至于他有问题也不敢提出来。

第二个原因，孩子没有形成一种理念——犯错误是学习的最好的机会。比如，我儿子有时考试考得不好，某道题因为某种原因答错了，我从不说他，反而觉得挺好的。你发现了一个错误，你就有了一次改进的机会，这是非常难得的。所以，家长在对待孩子尝新的时候的做法，很重要。

第三个原因，孩子每次考试只要考得不理想，就会受到父母的责骂。事实上除了中考、高考两次大型考试，其余所有考试、所有检测，全是为了查缺补漏。查缺补漏的过程，就是为了找出薄弱环节。一旦找出来，家长应该开心。家长不认同、不接受这种理念，找到了薄弱环节还骂孩子是不对的。

第四个原因，家长的六把"刀"——催促、吼叫、刺激、威胁、控制、打骂。家长以为这样做无可厚非，这是基于自己的心理认知做的判断，我们要基于孩子的心理认知和感知来判断。家长不妨去问一问孩子，自己的脾气怎么样。

在现实生活中，这六把"刀"的危害，会通过孩子的行为呈现出来。比如，咬手指、啃铅笔、抠橡皮擦、嗜睡、嗜吃、发呆、听不见、情感隔离、动不动"炸毛"等。这都是家长的认知、信念、行为，导致孩子身体出现的反应。这样的孩子，在课堂上一定不敢回答问题，做事一定没勇气，遇到问题一定会逃避。

　　家长要学会自我觉察，当觉察能力上升后，就能觉察到孩子为什么不主动提问、为什么厌学、为什么叛逆、为什么胆小、为什么习惯没建立……你能找到所有行为的缘由。一个有觉察的家长，能看清所有事物的规律和来龙去脉；一个没有觉察的家长，他的人生，始终被自己的习性、情绪裹挟着往前走。

　　孩子不爱学习、不爱提问、不敢提问都是现象，你在现象上找答案，是找不到的。你只有透过现象，看到事物的本质，在本质层面上下功夫，才能解决问题。

　　另外，孩子的调整紧跟家长，家长改一点，孩子调一点。

　　有一位妈妈问："宝贝儿，你给自己打多少分？"孩子说："9.9 分。"妈妈问："为什么还差 0.1 分呢？"孩子说："因为 0.1 分，证明我还有进步空间。"妈妈又问："上一学期，你给自己打多少分？"孩子说："8 分。"妈妈问："为什么呢？"孩子说："因为我很差。"妈妈又问："那为什么呢？"孩子说："因为那个时候妈妈没有学习。"这是孩子的原话。

可见，家长学得好，不但能提升自己的认知、行为、综合育儿技能，孩子也会有很大的改变。

这里，想送给大家一句话，现象是孩子不提问，本质是家长对其打击太多了，家长一定要重视。最后，大家可以想一想，你做过哪些事，摧毁了孩子上课发言的积极性？

第五节 高效听课的两点建议

很多时候，家长花费了很多心思引导孩子高效听课，却没有收到好的成效。

如何引导孩子做好听课管理呢？

在引导孩子坚持做好听课管理之前，先要了解一下孩子的听课状态，我是这么做的：

第一，从儿子同学的口中，全方位了解他上课时的状态。

第二，多跟老师交流，听听老师对他上课状态的评价。

第三，查看孩子的课本、笔记本。上面的笔记，就是课堂效果的呈现。如果课本、笔记本上记录了关键点、要点、线索，那他听课一定很认真；反之，如果他的笔记记得一塌糊涂，或者没记，那他的课也肯定听得一塌糊涂。

第四，他们班有一些公开课试听机会，我也会去，亲身感受孩子的听课状态。

至于如何引导孩子做好听课管理，我分享一个我的故事。

在听公开课的过程中，我发现老师在讲解试卷时，我儿子趴在桌子上，没有举手回答问题，也没有积极互动。后来，我问他原因，他说这个题他会了。我接着问他什么叫作"会"？他说他懂了。我告诉他，对于知识的理解有四个层次：

第一个层次，一听就懂，基本掌握。第二个层次，能熟练地解答相关题目，这是熟练掌握。第三个层次，对类别一样的题目、规律一样的题目，不管变什么形式、变什么花样，都能熟练地做出来，这是深度掌握。第四个层次，把各种知识点融合在一个大题里，依然能运用所学的知识正确解答出来，这就是融会贯通。我告诉儿子："你目前做完试卷，对于每个题目都非常熟悉，大概处于第一个层次。只有做到第四个层次，就是出任何综合性的题目，都能完美解答，这才叫'会'。"当他意识到这个问题，他就会慢慢产生自驱力，开始主动向第四个层次努力。

帮助孩子做到高效听课的两点建议。

第一，正向激励。

家长在教孩子方法和技能时，要从细节着手，带着孩子做。并且当孩子完成每一个行为时，要及时给予他正向反馈。然后，通过家校合作以及回顾反馈的形式，进一步给他正向反馈。当我们把培养意识、"播种"技能、尝试去做、正向反馈这四步做到了，孩子慢慢地就往前走了。能做 1 分是 1 分，能做 10 分是 10 分。总之，家长投入的程度越深，孩子的收获就越大。

第二，纠正孩子挑老师的习惯。

很多孩子听课时存在挑老师的习惯：喜欢的老师就认真听；不喜欢的老师就不认真听，甚至对着干。当孩子出现这种情况的时候，家长需要分析背后的原因，而不是一味地苛责孩子。家长了解原因之后，首先，要跟孩子共情，比如："妈妈知道你特别不喜欢这个老师，可能因为这个老师说话太尖酸、太刻薄，你希望他好好讲话，不要老是打击人。孩子，妈妈理解你。"你共情做到位了，什么都好解决。

其次，进一步对孩子说："你觉着怎样才能让老师对你刮目相看？我告诉你，你的成绩上去了，老师自然会更加重视你。"

再次，帮孩子算账，比如："你告诉妈妈，你认为老师和他带的学科是不是一回事？妈妈想告诉你，老师是老师，学科是学科，我绝对不会因为这个老师不好，而放弃整个学科，太不划算了。"

最后，有必要的话，请第三方机构给孩子做一个心理情绪的释放。因为这样的孩子，要么分得清是非曲直，正义感特别强；要么曾由于某种原因受到过老师的打击。

之前，有一个小朋友不愿意上学，妈妈带着他到我这里做心理咨询。我是高级沙盘师，有几千个沙具。我让孩子随意摆弄时，孩子没有摆任何东西，只是把整个平面铺好，在角落堆了一个高高的包。然后，拿了一个标志物插在那个地方，又拿了三个"人偶"塞进去。

他说，这三个"人偶"是语文老师、数学老师和英语老师。接着说，这三个人像恶魔一样天天责骂他。因为老师上课的表现，以及对他的打击，他对老师极度厌恶，甚至不愿意上学。于是，我赶紧给他做心理疏导，让他把内在情绪完全释放出来。一个月之后，他的妈妈告诉我，孩子现在上学能够心安，能听得进去了。

所以，在必要情况下，家长要借助第三方力量，让孩子把对于老师的那股愤怒、憋屈的情绪释放出来，他的心就安定了。

另外，可以尝试让老师在课堂上，增加和孩子的互动，并定向给孩子鼓励。孩子是感性的，只要一个星期，这个孩子对老师的印象就会有很大的改观。

最后，我想告诉家长，高效听课是孩子提高学习成绩的制胜法宝，课堂才是孩子的主战场。那么，你有没有帮助孩子培养听课习惯呢？下面是我整理的学霸听课习惯小清单（见表 4-1），供大家参考。

表 4-1　学霸听课习惯小清单

主题	内容	细节	备注
听课前	状态准备	出去放松，不要打闹 去上厕所，补充水分 赶紧补觉，适当休息	课间不要一直待在教室
	物料准备	清理桌面，整理文具 打开书本，粗略浏览 准备物料，回顾前文	根据下节课做相应准备
听课中	专注听讲	老师讲课盯老师 老师写板书盯黑板	
	有效笔记	使用康奈尔笔记法 记录线索区 记录笔记区	根据情况决定是否做
	互动参与	积极举手 回答问题	课堂问题课堂结
听课后	理解消化	黄金 2 分钟，回顾知识点 对照教材和笔记，补充遗 漏的信息	下课 2 分钟内就做
	解决问题	对于课堂上不理解的内容 及时向老师或同学求助	原则上三天内全部解决

第五章

科学复习，有效巩固学习重难点

第一节　陪伴孩子复习的四种方法

复习的目的是加深印象，提高对知识的掌握程度。如果复习到位了，写作业的速度、质量都会在无形中有所提升。但在陪伴孩子复习的时候，家长往往会很头疼。接下来，让我们一起来剖析一下这些头疼的时刻，并试着找到应对策略吧。

复习中让家长头疼的三个时刻。

第一个时刻，孩子觉得复习不重要。

这种孩子，压根儿没有复习的概念，回家后把书包一扔，歇一歇就开始做作业，做完了就睡觉。他认为复习就是随意翻翻书本。

第二个时刻，孩子很努力，但是缺少复习的步骤和方法。

复习是教和学之间，一个很重要的环节。那么，到底什么才是有效的复习呢？在第四章，我曾经提到，人类大脑对新事物的遗忘是有规律的，越早复习，记住的内容就越多，这里不再赘述。

一堂课中学到的内容，如果后续没有利用复习进行记忆强化，加强记忆链，那知识点与知识点之间的连接就会淡化，就会很快忘记这些知识点。复习的目的，就是通过再次或多次强化，让知识点之间的连接更深刻。

可以把复习分为三个维度：第一个维度，对知识的复习；第二个维度，对错题的复习；第三个维度，考前的复习。对于每个维度，复习的时间、内容、方法，都不尽相同。

第三个时刻，觉得孩子应该那样做，但他做不到。

复习是枯燥的。如果找不到方法，或者没有家长陪伴，孩子几乎都不愿意复习。很多家长都会对孩子提出要求，希望孩子能按照自己的想法去做，但孩子却总是与自己想的背道而驰。

其实，无论是哪一种学习习惯，孩子能够对家长的意见重视并落地，都是比较困难的。因为家长是基于成年人的逻辑思维进行的分析。对孩子而言，他的思维模式和成年人不一样，他只会关心是不是喜欢，是不是感兴趣。

所以，要想让孩子觉得复习很重要，就要让他在学习并且形成肌肉记忆的过程中，在复习这件事上找到快乐，找到成就感，找到希望，把复习和快乐等同，建立神经链效应，你就成功了。只有这样，他才有可能在学习中真正地全身心投入。因此，培养复习的意识很重要，要让复习的意识和习惯成为他逻辑思维的一部分，才能得以长期贯彻。

高质量陪伴的四种方法。

在现实生活中，很多家长没有很高的学历，培养出的孩子却很优秀。这是为什么呢？一定是因为他们做对了一些事情，也许家庭氛围很好，也许在学习方法上给了孩子很好的引导，唤醒了孩子内在的梦想、使命和动力。

我经常讲，学习动力是"体"，也就是根本，学习习惯是"用"，也就是表象，两者是相辅相成的关系。如果你只有学习习惯，没有学习动力，这个学习习惯到最后，也会慢慢被抛弃；如果只有学习动力，没有学习习惯，学习过程也会受到干扰和影响。当孩子拥有了学习动力，也掌握了有效的学习方法，养成了良好的学习习惯，再借助外在的力量（如老师），那这个孩子的前途将是一片美好。

家长在前期陪伴时，如果能重视学习能力的提升，满足孩子正向的体验，孩子就会主动去复习。

我有一个学员，原来非常不爱学习，后来通过我的一些方法，改变了对学习的态度，学习的动力得到了有效激发。之后，他几乎每个星期都会催促妈妈赶紧给他买新试卷。当孩子真正把学习动力激发起来后，不管是哪个学习环节，他都会主动去做。

不管时间充裕与否，家长都应该抽出来专门的时间做好陪伴。那么，具体如何做呢？

第一种，有质量的陪伴。

以我自己为例，我平时比较忙，陪孩子的时间比较少，但我也尽可能地腾出时间来陪他。陪伴的时候，孩子很在意家长做什么事情。

所以，在他写作业的时候，我会陪在他身边，做一些跟学习相关的事情，比如做一些课件或者看书。这会让他感觉，原来爸爸妈妈也一直在学习，一直在成长。

以我的经验而言，只要我在旁边陪着孩子，这是一种稳定的父系力量在持续输出，孩子会有力量感，他就愿意去学习。但是，家长切忌急功近利，不断催吼。

第二种，借助第三方。

借助第三方，就是借助外部的资源、外部的力量。比如，家长可以找一些优秀的老师，去看他们的直播，去学他们的课，去读他们的书。

第三种，尽量不要批评孩子，要给孩子更多的空间，去认可他、欣赏他、鼓励他，去感受孩子那颗闪闪发光的心。

第四种，顺应孩子的性格特质。

比如，我儿子是探索型的孩子，喜欢自己琢磨，吸收和消化新知识比较快。这样的孩子，我们就需要多引导他去思考，多给他肯定。当他实在搞不明白时，我们再去教他。

每当孩子复习任务完不成时，有些家长就会控制不住自己，大发雷霆。针对这种情况，我给家长提两个建议：

第一个，意识到竞争的本质。家长要反思，为什么真正的学霸能做到劳逸结合。研究一下你就会发现，很多学霸，每天晚上睡觉比较早，而且有大把的时间运动。这是因为他们的学习方法、学习能力和学习习惯都很好，所以学习效率自然特别高。尤其到高年级之后，孩子竞争的本质，就是学习方法、学习习惯、学习能力的竞争。

这些竞争力，是在1~6年级逐步培养起来的。取得的成绩，只是因为享受了他们1~6年级时的投入产出的"红利"；而那些普通的孩子因为在1~6年级时没有播"种子"，不注重内在的技能训练和动力的培养，到最后也就没有"果子"吃。

第二个，不要着急。家长要有这种意识，这些方法不等于所有都要用，也不等于用了之后，就一定会起作用。

要知道，任何事物的发展都是一个漫长的、正向滋养的、厚积薄发的过程，不可能一蹴而就。大家要相信：做一分得一分，做十分得十分。只要坚持高质量有效陪伴，孩子自主复习的习惯，就会慢慢地培养起来。

关于四种类型孩子的陪伴策略。

想让孩子走得更远，就要根据孩子的性格特征，选择不同的陪伴和激励方式。基于前面章节的模型，这里着重讲一讲以下四种类型孩子的陪伴策略。

第一类，目标型孩子。

这一类型的孩子，更崇拜强者。前面讲的那个每星期吵着要妈妈给自己买新试卷的孩子，就属于目标型孩子。这个孩子之所以能这样做，是因为他妈妈改变了陪伴方式，开始激励孩子。

后来，我到他家做了一次家访，跟这个孩子捋了一些小目标。他特别喜欢定目标，渴望强大。这类孩子如果认定你了，你讲的话就是"圣旨"。这个时候他是主动的，一心只想着目标，拼了命也要把目标实现。

第二类，人文型孩子。

对于这种类型的孩子，家长要去感知他细微的心理活动，然后把他的心理活动表达出来，并和他共情。当然，家长能做到这些点是不容易的。一旦做到了，这样的孩子感觉就好了，什么事都愿意做。

第三类，探索型孩子。

这一类的孩子，需要肯定。这里所说的"肯定"，分为语言上的肯定、肢体动作上的肯定，以及物质上的肯定。语言上的肯定，比如多说鼓励的话；肢体上的肯定，比如竖个大拇指，鼓鼓掌；物质上的肯定，就是物质奖励，例如准备一个小礼品，给他一些意外的惊喜。

第四类，分享型孩子。

这一类孩子，需要"舞台"，也就是让他得以展示自己的场景，主要有两种形式。第一种形式，和老师沟通，让老师为孩子在学校里提供展示的"舞台"；第二种形式，在家里，给孩子搭建"舞台"。

学校中的"舞台"，比如让孩子得到登台发言的机会。还有，让孩子早晨站在学校门口执勤站岗。家长在家里"搭建舞台"，首先教孩子怎么做；其次付诸行动。比如我安排孩子模拟课堂，把他学的东西讲给我听。

发现漏洞，要花时间专项攻克。

复习的时候，不需要把过往所有的东西都复习。因为每一天复习的时间比较短，不可能面面俱到，更多的是要针对当天的内容，做一次整体复习。

如果对某些内容依然不太懂，可以把今天和昨天的内容，都拿过来，综合看一看。因为如果基本功不到位，特别是前置知识不到位，某个知识点或某个板块存在漏洞，会影响到整体的复习效率。

一旦发现漏洞，就要赶紧花时间专门去攻克。因为漏洞会影响到吸收的效率，会影响到平时的复习和预习，还会影响到整个做作业的速度和进度。

在此，我想告诉家长的是：孩子能够自主复习，是一个结果，能否达成，取决于家长是否在前期做了相应的努力，这是一个水到渠成的结果。

自主，其实是孩子的自驱力。你可以想一想，你曾经做了哪些让孩子在复习这个环节感到开心的事？

第二节　知识点复习的三大原则及三大方法

孩子在复习知识点的时候，可能会无从下手，复习的效率很低。

针对这种情况，我给大家分享一些知识点复习的原则和方法。

知识点复习的三大原则。

第一个，归纳原则。

当你能把复杂的知识，归纳成简单的几个关键词时，说明你对所有知识有一定的理解，体现了你对重点知识点的抓取能力。这对我们的逻辑思维能力、概括能力要求极高。同理，孩子如果掌握了归纳的方法，就能掌握所有的知识点。

第二个，演绎的能力。

演绎的能力是指能把关键词，变成两句话、两段话，甚至两篇文章。这个通过语言组织，以及逻辑思维训练的演绎过程，就是内化的过程。这个过程，体现了我们对知识点的全面掌握和理解能力。

第三个，表达自己的感受。

通过归纳和演绎，在一反一正中，我们能够发现一些细枝末节的东西，并可能在未来的学习过程中，给自己巨大的灵感，进而表达自己的感悟、感受。这个过程，能够体现一个孩子对知识点内化理解的程度。

上面这三个原则掌握并执行了，我们就能知道重点在哪里，自己理解的程度是什么样的，以及怎么去运用。

知识点复习的三个方法。

第一个方法，清单复习法。

我们在写某一科作业之前，要对这一科做整体的复习工作。具体有以下五个步骤。

第一个步骤，拿一张 A4 纸，根据老师今天讲过的所有知识点，在第一行写 3~5 个关键词。

第二个步骤，基于关键词，用一句话把课程的内容、文章主旨，或者概念、公式，做一次补充和拓展。几个关键词就可以拓展出几句话，这样通过几句话就可以把一节课的整体内容，完整地表述出来。

第三个步骤，回顾完课程主体内容后，重点琢磨一下，核心知识点是什么。这个核心知识点，孩子可以和家长讲，也可以自言自语。总之，要把这个知识点念出来："我觉得这个章节，或者上一堂课，老师讲的核心知识点是……"

第四个步骤，想想它为什么是核心知识点、依据是什么，找出知识点的关键支撑点。

第五个步骤，基于这个核心知识点，依次给父母、自己完整地复述一遍。

这五个步骤，可以应用在语文、数学、英语等知识点较多的学科上。这样列清单之后，孩子会发现他能把今天学的这一节课的所有知识脉络清晰地讲出来。一节课花两三分钟，把所有的知识点串起来，就可以让复习的效率翻倍。一般而言，孩子上 4~6 年级时，知识点密度比较大，这种方法更为适用。

第二个方法，小老师复习法。

这种方法，适用于分享型的孩子，或者喜欢展示自己的孩子。

具体做法：家长在家里为孩子搭建一个小课堂，自己搬个小凳坐在下面，让孩子走上讲台当小老师。家长在下面问，今天语文讲的什么，数学讲的什么，英语讲的什么等。

每一节课，给孩子 5~10 分钟的时间，家长在下面认真听。孩子讲得好，就奖励一下，比如，给他一把瓜子、一根香蕉、一个苹果或者送一小束鲜花。孩子会越讲越来劲，越讲越开心。

在小学阶段，家长采用这种复习方法，让孩子用自己的话把老师讲的内容复述一遍。根据学习金字塔模型，我们知道，通过教授他人，两周之后，知识留存率达到90%；而单纯地听课，两周之后，知识留存率只有5%。所以，采用这个方法，效果特别明显。

第三个方法，课后三结法。

所谓"课后三结"，就是结笔记、结问题、结输出，这基于康奈尔笔记的三个区域——笔记区、线索区、总结区。如果孩子确实做了笔记，且大致是按照康奈尔笔记的模式去做的，就可以考虑用课后三结法，它针对的主要是课堂笔记的梳理与巩固。

课后三结法在康奈尔笔记的三个区域的应用：

第一个区域，笔记区。在笔记区，预习的时候，可以记录关键内容、关键知识点；听课的时候，可以记录老师讲解的重点、关键点；课后，建议三天之内，针对内容的整体框架和细节，把一些认为有必要的点，在笔记区进行补充。

这样，整个笔记区的内容已经相当完善了。在复习时再来翻阅书本，如果有新的感受、新的发现。必要时，把它摘抄在笔记区；没有必要，可以不用摘抄，但至少把内容过了一遍。这就是结笔记。

第二个区域，线索区。线索区记录一些关键词或困惑。如果复习时看不懂这些关键词，可以尝试做三件事。

第一件事，盖住笔记区，然后复述笔记区的内容；第二件事，如果复述不完整，就去翻书，彻底把它掌握；第三件事，如果还不明白，就带着这个问题，去找教辅资料，或者找老师解决。总之，在线索区，不要留任何疑点，这就是结问题。

第三个区域，总结区。一定要把总结区记录的感悟，找一个对象，或者就对着这本书自言自语，进行输出表达，说自己通过这个收获了什么。比如，通过这篇文章，收获了修辞手法，包括比喻、排比、拟人等；懂得了记叙文的六要素——时间、地点、人物、起因、经过、结果。把自己的心得，用自己的语言，找一个对象，充分地再次输出表达。这就是结输出。

运用课后三结法，你的孩子对知识点的掌握程度，必定会大幅提升。

另外，寒暑假期间对知识点进行复习，需要找模拟试卷。一般来说，一个单元做一两张试卷，进行拉网式排查。然后，做对的题目不用管，将所有做错的题目摘抄到错题本上。之后，反复拿出错题本研究。

这里我想说，只有坚持使用这些方法，日积月累，才能得到你想要的东西。最后，家长可以想一想，你知道你的孩子为什么不复习吗？

第三节　错题复习的三种错误及六个步骤

在谈及错题之前，我们要先说一下，写作业、做单元测试、做模拟试卷、准备期末考试的目的，其实只有四个字——查缺补漏。

而错题复习，就是针对平时在作业、试卷上遇到的所有错题，找出漏洞，并把漏洞汇集起来，进一步解决，以夯实基础。

学习中的三个圈层。

为了帮助大家更好地理解错题复习，先给大家讲讲学习的三个圈层。

第一个圈层，核心圈，是舒适区，这里所有的知识都是会的。

第二个圈层，学习区，对这里的知识模棱两可、不扎实、不清晰，但稍微拐一拐，夯实一下，就能完全掌握。

第三个圈层，最外围，是恐慌区，对这里的知识压根一点儿都不懂。

一个人的精力是有限的，一般情况下，中高考 85% 考察的都是基础知识，如果把精力放在舒适区，因为全会，所以没有任何产值；如果把 100% 的精力放在恐慌区，研究那些高难度的知识，可能只有 5 分的产值；如果把 100% 的精力都放在学习区，重点攻克基础知识，可能得到 100 分的产值，效率就是 20 倍左右的提升。

而且，到了中高年级，孩子竞争的本质，是时间管理的竞争，是学习效率的竞争。所以，一定要讲究策略。使用错题本记录错题，是我们提升分值特有效的一种方法。当然，这里的错题只是常规的错题，超高难度的错题不在我们讨论的范围。

错题复习的三种错误。

关于错题复习，家长和孩子通常会犯以下几个错误。

第一个错误，孩子压根没有整理错题的习惯。孩子从小到大，没有做错题整理、错题回顾、错题分析、错题统计、错题查缺补漏等习惯。

第二个错误，家长没有协助孩子养成长期整理错题的习惯。家长今天带孩子整理两道错题，明天带孩子做两道错题，后天没时间就不管了，孩子自己也就不做了。结果，错题本倒是有很多，但是，从来没有系统复习过。

第三个错误，不懂得整理错题的规律和节奏，效果不佳。花同样的时间，有人掌握 100 分，有人掌握 30 分，节点及方法不对，导致错题本没有发挥最大的作用。

使用错题本的六个步骤。

我儿子最初没有整理错题的意识，后来，我就不动声色地带着他做。这个过程的前提是，家长要先学习并掌握错题本的使用方法，还要知道使用错题本的习惯是循序渐进的过程。

首先，我不会强求他一次性做到多么好，只管带着他做就可以了；其次，在他做错题本的过程中，我始终陪伴着他，让他感觉比较好，愿意做这个事。

具体分为以下六个步骤。

第一个步骤，错题来源。

错题本上，可以摘抄什么样的题目呢？平时作业做错的、试卷做错的、基础练习册做错的、书本中例题做错的，或者在其他场景碰到的觉得有必要记录的内容，都可以摘抄到错题本上。

第二个步骤，原因分析。

每一个错题本中，都有审题不清、概念模糊、计算粗心、确实不懂、时间不够等原因导致做错的题目。比如，单位出错的、计算出错的、步骤不清晰出错的、抄错的、看错的，以及英语语法、数学概念等知识点不会导致出错的。

其中涉及知识掌握熟练度层面的问题，无外乎两大原因：一是基本功不行，二是练习得不够。

第三个步骤，带着孩子做统计分析。

做统计分析，是为了知道哪些是因为粗心出错的，哪些是因为掉入题目陷阱出错的，哪些是因为不理解出题人的思维出错的……做完统计分析之后，就知道自己的薄弱环节在哪里，进而制订相应的改进策略。

比如，经过统计分析，100 道题中，有 40 道题目是因为粗心导致的错误，这是典型的基本功不行。1~3 年级，可以用"333 法则"训练计算基本功：三个三位数，先加后减，比如 123+456-789，3 道题目为 1 组，每天 3 组；4~9 年级，可以用"754 法则"训练计算基本功：7 分钟 5 道 4 位数乘以 4 位数的题，刚开始可以尝试 3 位数乘以 3 位数，循序渐进，比如计算 1234×5678，需要计算 20 多个步骤，流程能力得到充分训练，一道题目将计算基本功训练得淋漓尽致。只要每天带着孩子训练，三个月之后，粗心的情况就会得到很大的改善。

再比如，不懂出题陷阱导致的错误，无论是语文、英语还是数学，都可以找 20~30 道题目，让孩子每天晨读、晚读。一个月之后，他的语感会大幅提升，在考试时，他对题目的敏锐度，会迅速提高。

第四个步骤，用黑色笔写原题，用蓝色笔写正确答案。

不管是摘抄、做原因分析，还是做统计分析，都可以这么做。更正的过程，让孩子自己做，家长不要做，也不要教。可以引导孩子逐步解决，等他会了之后，让孩子重新做一遍。整体的解题过程，他就清晰了。

第五个步骤，反思与总结。

每一道题目，都有考察点。当我们站在出题人的视角去研究这道题目时，就会发现出这道题目的目的，就是让一半的学生栽跟头。当我们捕捉到这个点，再遇到类似的问题，就不会栽跟头了。

所以，每一个错题解决之后，家长要带孩子反复去做总结与分析，把错误的原因找出来，并从这个错误中总结出心得。这对孩子再做其他所有类型题目都是至关重要的。

第六个步骤，一道错题，至少要过三遍。

很多人做完上面五个步骤就结束了，这其实是不够的。每周要设立错题日，比如周六，专门整理错题；第二天，再拿出来整体过一遍；一周之后，用专门的时间，把上周错题再系统做一遍。至少要过三遍，这样对它的掌握程度才会大幅度提升。

如果有条件，一个月之后再对之前的错题整理一遍，考前半个月把所有错题系统梳理一遍，你发现，孩子基本全部掌握了。如果孩子能把错题熟读，就会有意想不到的惊喜。

整理错题时，有些孩子犯了一个非常大的错误，即"会了就不动笔"。这里要特别强调一点，对错题的整理，一定要重写、订正、再次写，而不只是看。因为只是看，效果很差。写的过程，有思维、有内化、有动笔、有全身参与，它的内化效率非常高。

在此，我想告诉家长朋友，孩子对于整理错题是不理解的，家长在理解的前提下，带着孩子长期地坚持做，你就能发现"金矿"就在眼前。

作为家长，你有没有发现，孩子经常错的都是哪几类问题？实际上，孩子做错题都是有规律的。之前，我儿子连"8+9"都算错，我用了好几种题目，来帮他专门练"8+9"。

第四节　考前复习的三大误区及五大方法

考前复习的三大误区。

第一大误区，一点都不复习，听天由命。

有些孩子"裸考"，就是不做任何复习就去考试，会不会完全靠运气。这种做法是不值得提倡的。考前复习时的拉网式排查，对孩子整体成绩的提升、信心的稳定，甚至家庭氛围的和谐，都有莫大的帮助。不管是孩子，还是家长，都不能有听天由命的念头。

第二大误区，只有三分钟的热度。

很多家长在孩子考前会带着孩子复习，但只有三分钟的热度。带孩子复习两三天之后，因为工作忙或者其他原因，就不再带孩子复习。而孩子的自律性不强，复习的时候就会敷衍了事，甚至完全不复习了。在复习这件事情上，家长的"牵头"很重要。

第三大误区，临时抱佛脚，考前一个星期才着手复习。

在考前一个星期，有些学生为了应付考试，每天晚上会复习到很晚，导致白天上课没精神。老师的复习课没听，自己复习也没效果，然后迷迷糊糊上了考场，考得一塌糊涂。

其实，考前复习有一个原则，叫"状态为主、复习为辅"。什么意思呢？就是考前的整体状态，对考试的影响会很大。所以，相比状态而言，考前复习是次要的。

但有一些家长，平时不管孩子，不带孩子进行预习、听课、做作业，也不带孩子复习。到了考前，临时抱佛脚，家长和孩子都很痛苦、压力大，状态肯定非常不好，就很难考出好成绩。其实，平时复习的效果，要远大于考前复习。所以，家长一定要重视平时复习，不要等到考前再临时抱佛脚。

在考前复习阶段，家长一定要注意调整好自己和孩子的状态，然后按照一定的节奏、计划、章法带着孩子复习。至于分数并没那么重要，或者说不要计较一时的得失，复习到位的话，考得好是必然的事情。

考前复习的五大方法。

考前复习有几个方法，家长可以带着孩子去做。

第一个，错题本复习法。

这里的错题本法，跟平时的错题本法有所区别，更适用于针对理科的复习。

首先，准备黑色、红色、蓝色三支笔。其次，把这一学期所有的错题本拿出来，看里面的题目出错的原因是什么；然后，把错题盖上，用蓝色的笔把题重新做一遍；再用红色的笔，把出错的原因写出来；再用黑色的笔，把对这道题目的反思、总结写出来。也就是把做错的原因、正解、反思、总结四要素，全部记录在错题本上。

对一道题目的用时不要过长，反思总结也不要长篇大论，写几个关键的字词，或者一些关键的提示点，能引起重视、唤醒记忆，就可以了。

再次，做完这个题目后，引导孩子站在出题人的角度，问自己四个问题："这道题目考了什么知识点，我能不能知晓？这道题目的陷阱是什么，我能不能发现？这道题目的做题思路是什么，我能不能思考和总结？这道题目，我为什么会出错，卡在哪个环节？"

把这四个问题想清楚，错题本复习法的过程就结束了。

第二个，积累本复习法。

这种方法更适用对文科的复习，如语文中的多音字、形近字、双声字、同义词、近义词、反义词，甚至好句、美文；英语中的短语、句子、语法知识（例如不规则动词）等，都要在单独的积累本上做相应的汇总，方便以后长期读，长期记，长期熟悉和理解。

这里，我建议采用"127法"。"1""2""7"指的是第几天。这个方法，依然用到黑色、红色、蓝色三支笔。具体实施步骤如下：

先用黑笔把知识点摘抄一遍。

第1天，选30~50个单词或者短语进行听写，之后用红笔把错的圈出来。再让孩子用蓝笔，在单独的本上把每一个错的摘抄至多3遍，抄多了用处也不大。20分钟之后，针对所有听写错的字、词、成语、语句，再次全部听写。为什么是20分钟呢？因为这时候知识的遗忘率能超过40%。

第2天和第7天，再次重复第1天的动作，这就是"127法"。

利用好这个"127法"，我相信你的孩子对知识的掌握程度，一定会大幅提升。提示一下，如果时间不充分，第2天和第7天可以只听写前面错误的内容。

第三个，小老师复习法。

我们带着孩子把一个学期的知识点，进行整理和归纳，做一下汇总。然后让孩子按照每个科目，如语文的每个单元、每节课，分别花 5~10 分钟，给我们讲一遍，重点讲形近字、多音字、双声字这样的考点，这对孩子提高知识的掌握程度会特别有效。这就是小老师复习法。

这个方法结合错题本和积累本来使用，也能有不错的效果。

第四个，模拟考试。

在期末复习之前，我们要做一项特别的工作，就是针对这一个学期的所学课程，比如语文的八个单元，拿出一整套模拟真题，做一次拉网式排查。

拉网式排查的具体步骤：首先，列好计划，做一整套模拟试卷，每个章节都要覆盖到；其次，批改之后，圈出所有的错题；最后，晨读加晚读，重点读错题，同时进行详细的订正。把这三步做到位后，考试时再遇到同类型的题目，就不容易做错了。

通过拉网式排查，可以发现知识"黑洞"在哪里，然后定向地进行订正。这个时候，不用再摘抄错题本了，直接在试卷上订正即可。

第五个，除了复习，考前调整好心态，保持一个良好的状态，同样重要。

首先，期末考试的影响远不及中考和高考；其次，在中考和高考前的一个学期，家长尽量不要在学习上给孩子施加任何压力。这个时候，用心陪伴就可以了。

复习时间的规划。

考前复习，通常建议在考前一个月，对所有的知识点进行一次整体、全面的拉网式排查。在复习之前，需要有一些自己的规划。

第一个，放学后的时间规划。

我个人建议，回家之后，首先，休息 10 分钟；其次，根据物料清单做相应的准备；再次，结合作业列出作业清单，并排出作业计划；最后，从最喜欢的科目开始，并在写作业之前，把今天讲的内容进行一次整体复习。

需要注意的是，尽量对当天的每一科都进行一次复习，每科复习的时间大概花 5~10 分钟。

第二个，周末先整体汇总，再全面复习。

周末，我们需要对这一周所做的作业、试卷、模拟题，针对有疑难的地方、不懂的题目，进行一次汇总，再进行全面复习。平时、周末、考前，都这样去规划就可以了。

这里，我想说的是，放松心情，快乐复习，查缺补漏，找出"黑洞"就是胜利，我整理了一份学霸复习习惯小清单（见表 5-1）供参考。

那么，你觉得到底是平时复习更重要，还是考前复习更重要呢？

表 5-1　学霸复习习惯小清单

主题	内容	细节	备注
作业前	康奈尔笔记法	通过笔记区，总结线索区 通过线索区，回忆笔记区 根据实际，增加总结区	课间不要一直待在教室
	小老师复习法	每门课花 5 分钟左右给家长讲解一遍家长负责鼓掌与肯定，激发兴趣和动力	专门准备场地与道具 1~5 年级
	思维导图复习法	合上书本，画出当天学习内容的思维导图 打开书本补充思维导图 用自己的语言讲述一遍思维导图	6 年级及以上
睡觉前	过电影法	用 2~3 分钟看一遍今天讲的内容 用 2~3 分钟看一遍明天要讲的内容	每天坚持
节假日	消化笔记	对当周的笔记做汇总整理解决掉各种疑难杂症	以笔记为准
	解决问题	对于各项专项问题，想办法专项解决	家长协助做

第六章

用对方法，让孩子养成写作业的好习惯

第一节　陪孩子写作业的三大步骤

我的孩子上小学以后，我有意识地花了很长时间，专门训练孩子写作业的能力。他到 4 年级之后，作业基本都是独立完成的，我已经做"甩手掌柜"了。

让孩子学会写作业。

想让孩子学会写作业，家长需要做到以下几点：第一点，不跟孩子讲假大空的道理，不要逼着孩子写作业。第二点，深度陪伴，带着孩子做。带孩子做之前，家长要先掌握写作业的能力、方法和技巧。第三点，在陪伴过程中，有意识、有步骤地提升孩子写作业的能力。

具体实操时，有以下几个步骤：

第一个步骤，了解写作业的四个阶段。

即使是像我一样的教育工作者，在教育孩子的时候，也会经常犯错。比如，带孩子写作业时，我曾经先追求速度，再追求质量，以至于经常掉进坑里。

随着不断学习和成长，我发现学习就是"教""学""考"三个字。而且，教得好，不等于学得好；学得好，不等于考得好。

在学得好和考得好之间，还有四个字——自我练习。家长要明白，自我练习包括听、说、读、背、写等方法，听、说、读、背和写作业一样重要，作业只是自我练习中的一个重要组成部分。

如果家长不明白这一点的话，就会一门心思盯着孩子写作业，觉得这是最重要的，而忽视其他四个练习。孩子学习的效果肯定不尽如人意。

前面讲过，对知识的掌握程度分成基本掌握、熟练掌握、深度掌握、融会贯通四个层次。听完一堂课，孩子至多在第一个层次，也就是基本掌握；通过预习、听课、复习、写作业等环节，基本可以达到第二个层次，但还没有达到第三、第四个层次；当孩子进入第三、第四个层次时，相应的知识已经深深印在脑海中，并且在应用中也能游刃有余。

对应以上四个层次，我们可以把写作业分为四个阶段，循序渐进。

第一阶段，基本掌握。这个阶段的目标，是只要把作业完成就可以了，方法是深度陪伴。

建议家长，腾出时间，心平气和地问孩子：今天作业有哪些？然后，带着孩子把书打开，一项一项带着孩子做完。

有的家长在辅导孩子作业的时候，容易"炸毛"，究其原因是家长自己没方法，又对孩子期望过高，用成人的标准去要求孩子。因此家长一定要自我提高，不要焦虑，要有耐心。

第二阶段，熟练掌握。第一，追求速度，原来 2 个小时写完，现在能否 1 个小时写完？第二，追求准确率，原来准确率是 91%，现在能不能提高到 98%？在这个过程中，可以采用番茄钟学习法，给孩子做时间规划；同时，家长带着孩子针对具体的知识点做分层练习，从基础知识，到重难点、易错点，逐一过关。

第三阶段，深度掌握。在前面两个阶段的目标实现的情况下，可以额外给孩子布置一些作业。即专题训练，也就是针对特定模块的强化练习。这个特定模块，可以是重点，也可以是孩子经常出错的地方。

第四阶段，融会贯通。如果时间充裕，请家长找一些历年的真题或者模拟题，尤其是一些综合性的习题，来考察孩子对于知识点的横向和纵向掌握程度。尤其要注意，做完后，对错题进行整理与持续复习，是这个环节的关键。

第二个步骤，引导孩子。

关于引导孩子，我有几个供大家借鉴的小方法。

方法一，多给孩子正向的心理暗示。接孩子放学时，有些家长只跟孩子聊开心的事。比如，"你今天在学校有什么开心的事吗？""今天老师有没有向你提问？""今天班上有没有发生有趣的事？"

而有些家长一看见孩子，就会问："谁欺负你了？老师有没有批评你？"

第一种家长，在生活中，会不断给孩子正向的心理暗示；第二种家长，不断地问负面的东西，给孩子传递的是一种受害者心理。这两种孩子的未来，将有天壤之别。正向的心理暗示，更能增强孩子的自信心，激发其主动学习的热情。

方法二，向孩子表达爱，多关注他的状态。家长千万不要只对孩子说"作业写完了没有？""作业还有多少？""赶紧写作业"。而要在他回家后，迎上去说"宝贝儿，妈妈很想你""今天学校发生了什么有意思的事情？"然后把吃的、喝的端上来，给孩子 10 分钟时间，补充一下营养和能量。这么做，目的是要和孩子共情，多从孩子的角度出发，进而关注孩子上学时的状态。

方法三，带孩子做物料准备。比如，拿书、拿作业本、准备尺子、准备橡皮、开台灯等，大概花 5 分钟，把物料准备好。

方法四，带孩子做作业清单。家长要给孩子准备一个专门的小本，训练他把当天的家庭作业清单记录在这个专门的本子上。

方法五，带孩子列计划。家长和孩子一起讨论并确定，第一项写什么，第二项写什么，第三项写什么，给作业列个计划。

1~2 年级时，可以让孩子尝试使用番茄钟做规划；到了 3 年级，就可以正式用番茄钟做规划了。比如，用一个番茄钟，完成第一、第二项；再用一个番茄钟，完成第三、第四项。

列计划的时候，有优势、感兴趣、简单的优先，难的放后面。而且，最好文理科适当交叉，比如，写完语文写数学，写完数学写英语，写完英语写物理，写完物理写政治，类似这样的排布方式。

方法六，作业结束之后要检查。

第三个步骤，做好陪伴。

家长引导完孩子后，接下来，就是要做好陪伴。陪伴的时候，家长最好坐在离孩子大概 1 米的位置，千万不要玩手机，拿本书安静地守在旁边。

这里，还有几个细节需要大家注意。

第一个细节，家长一定是深度陪伴。1~3 年级的孩子，自觉性和自律性还比较差。这时，家长手把手带着孩子一点一点往前走，这决定孩子很多好习惯是否能养成。

第二个细节，陪伴过程中，父母说话的量要有变化。陪伴 1~3 年级的孩子，父母可以讲话。但随着孩子年龄的增长，父母的话语要逐渐减少，直到最后不讲话。

到一定阶段后，家长要遵循 12 个字方针——笑一笑，嘘一嘘，摇一摇，指一指。当孩子说"妈妈这道题我不会"时，妈妈要笑一笑，和善而坚定，不要让他感觉很难受；笑一笑之后就嘘一嘘，意思是不要出声音；摇一摇，就是现在妈妈不能给孩子讲；指一指，意思是让孩子接着做作业。在这个过程中，要不厌其烦地给孩子传达一个理念——写作业的时候，不能讲话，不能停。

1~2 年级的孩子，可以尝试使用番茄钟，但不要强迫。经过两个学年的陪伴，孩子已经具备了学习的基本能力、写作业的基本能力后，从 3 年级开始，要逐渐训练他写作业时做到 12 个字——不抬头，不说话，不停笔，不中断。刚开始做不到没关系，系统规划，分段实施，逐步推进，让孩子慢慢具备这个能力。到了 4 年级，成绩不仅能稳定下来，还会上升。

因为成绩是表象，内在的学习方法、学习习惯、学习动力是根本，有这些根本能力做"护航"，他的成绩只会上升，不会下降。

另外，对作业本身也有三个要求：

第一个要求，通过写作业，提升对知识的掌握程度。就是从基本掌握，到熟练掌握，到深度掌握，到融会贯通，要不断提升。

尤其进入第二个阶段后，要开始应用限时训练和番茄钟的方法，对孩子作业提出更高的要求。对于阅读、作文这些专项模块，尤其需要做限时训练，但是家长往往会忽略这一点。

第二个要求，通过写作业，提升解决问题的熟练度。比如，对于某道数学题不只要会做，还要能够在最短时间内找到最优的解题方法。

第三个要求，通过写作业，提升书写能力和卷面整洁度。这里，有两点要告诉孩子。

第一点，保持字迹工整。不同的孩子肢体发育存在差异性，有些孩子肢体发育得好，字写得就漂亮；有些孩子肢体发育得弱一点，字写得就差。所以，只要求孩子把每个字写清楚、写工整就可以了。

如果孩子的字写得歪歪扭扭，并且经常出现手酸、手疼、手累等不舒服的情况，一般就是小肌肉出了问题。这时不建议家长给孩子报书法班练字，有可能花了钱、耽误了精力，还没有效果。可以通过训练乒乓球、羽毛球、跳绳等运动来解决。只要训练几个月，孩子的这个情况就会有所改善，字的工整度、漂亮程度，就会明显上升。这时再去练字，或许效果会更好。

第二点，保持卷面的整洁度。很多孩子会因为试卷卷面不整洁而被扣分。所以在试卷上，不要总是写写擦擦，乱写乱画。应该想尽一切办法，保持卷面整洁度，这样就不会被扣卷面分了。

考试是对平时学习的检验。如果平时在写作业时把书写能力和保持卷面整洁度的能力训练好，考试就能占优势。在这个过程中，家长应以鼓励为主，若只盯着问题，反倒适得其反。

第三个细节，写完作业后，孩子要检查。作业检查有四个阶段。在前期，需要家长带着孩子一点一点地落实，目的在于教会孩子这些技能。

其一，漏题检查。写作业之前，看看到底有多少题。写完作业后，对照着作业清单，看是否真正写完。有的孩子经常漏写一道题目，或者漏写一项作业。通过漏题检查，就可以确保作业全部完成，没有遗漏。

其二，错题检查。有些孩子经常会算错题，建议1~3年级的孩子，在做数学题时，先打草稿。对每一道题目进行验算、检查，避免粗心的问题。文科作业写完之后也需要检查，比如语文题答完后，检查一下有没有错别字。

有了错题检查的环节，孩子就能知道哪些是确实不会的，哪些是因为粗心和马虎而做错的，这样就可以做到有的放矢，更有效地解决学习中存在的问题。

其三，重点检查。4年级之后，就要注意重点检查了。对于已经掌握的、非常熟练的内容，不用再浪费时间一道一道地过，而是要把精力花在综合性的大题上面，多去推导、演练。

其四，疑难检查。比如写作业时，发现某个字不会读、某个词不会写，可以在写完作业后，针对这些疑难杂症，专门进行梳理和检查。尤其是常见的多音字，一定要搞清楚不同读音的含义分别是什么。

把疑点、难点、不确定的点做专项梳理，并誊写下来，作业才算是正式完成了。

我还有几个可以提升解题能力的小锦囊，分享给大家。

锦囊一，读题。在允许的情况下，尽可能要求孩子大声把题目读出来。通过声音的刺激，可以有效提升孩子的语感。这种方法不仅对学习语文、英语这样的语言类科目有所帮助，就算是数学，也有同样的功效。培养语感，能进一步提升孩子的解题能力。

锦囊二，拆解解题步骤。做题的时候，把每一个解题步骤都写出来。不要认为这是在浪费时间，这种做法是在强化孩子的逻辑思维能力。写作业的目的不是追求快一点写完，更重要的是要真正掌握、理解问题是如何解答的，不能为了写作业而写作业。解题的步骤就是拆解问题的过程，问题拆解清楚了，孩子也就真正掌握了相应的知识点。

锦囊三，严格遵守规范。比如，做数学解答题，要先写"解"或"答"，再写"："（冒号），最后把答案誊抄下来。每一个步骤，都要严格遵守规范。

锦囊四，打草稿。我特别建议大家用分区草稿纸或者八宫格法打草稿，而不是拿出一张普通的 A4 纸来应付了事。所谓"八宫格"，就是把一张 A4 纸对折三次，再打开，就能得到一张有 8 个分区的草稿纸。在每个格子里面标上题目序号，每个格子里只做一道题目，方便检查。

锦囊五，归纳整理。作业写完之后，把题目做一个简单的归纳和总结。比如"卡壳"的题目，为什么会"卡壳"？它的陷阱在哪里？出题老师的目的是什么？家长要训练孩子揣摩出题人的意图，体会出题人的思维。

家长朋友们要记住：作业流程管理只是表象，孩子写作业的能力和内在的动力，才是家长真正要关心和关注的。

现在，你知道怎么陪伴孩子写作业了吗？

第二节　调动写作业积极性的四个要点及三个方法

孩子写作业自主性不高的四大原因。

第一个原因，孩子没有掌握写作业的技能。表面上看，是孩子不愿意写作业，其实是他没有掌握写作业的技能。

第二个原因，题目不会解答。比如，写一篇作文卡 40 分钟，写一道数学题卡 20 分钟，久而久之，孩子渐渐就没了信心、没了动力、没了激情。

第三个原因，来自家长的负面反馈过多。有些家长一味追求速度、追求效率，从而经常大声地吼孩子，长此以往，使孩子逐渐形成了负向的神经链效应。一写作业，就非常痛苦，进而导致叛逆，甚至自暴自弃。这时，他不可能自主地去完成作业。

第四个原因，自身心理压力过大。比如，同学之间的关系，自身情绪调节不到位，都会导致孩子自身的心理压力过大。情绪过载，消耗了他大量的精力，也就无法主动学习了。

调动孩子写作业积极性的四个要点。

想要调动孩子写作业的积极性，家长需要做到以下几点：

第一点，管住嘴。很多家长为了让孩子写好作业，费尽口舌，最后发现不仅没有效果，还会使孩子变得逆反。所以，家长要做到多做少说，尽量做到只做不说。

第二点，别偷懒，前期务必深度陪伴。在前期，家长务必要深度陪伴孩子，手把手带着孩子往前走。千万不要指望孩子一下子就有很大的改变。写作业的动力和能力，都是在陪伴的过程中，逐步激发和掌握的。

第三点，心里要有一本明账。家长要知道，陪伴不是目的，真正的目的，是在陪伴的过程中，潜移默化地把所有关于学习的技能与习惯，传授给孩子。技能传授，比作业本身重要得多，而过程中对孩子动力的激发，又比能力传授更关键。大部分的家长急功近利，一味追求速度和质量，搞错了方向，这是本末倒置了。

第四点，要会鼓励孩子。作业中的每项技能，比如番茄钟、错题整理等，都要花一个月甚至更长时间，深度去鼓励和肯定孩子，等他掌握了写作业的所有技能之后，他就能主动学，再也不用家长操心了，这比补习班要强得多。

解决家长不陪，孩子就不写作业的三个方法。

有些孩子，有家长陪着就写作业，不陪就不写。这种孩子，一方面，没有学习动力；另一方面，没有学习写作业的基本能力。针对这种孩子，家长可以使用这几个小方法：

第一个方法，跟孩子比赛。

家长可以搞一套和孩子一样的作业，和孩子比赛，看谁写得又快又好。这个方法，对低学龄的孩子更有效，因为这个过程会让孩子感觉很刺激。但要注意，家长要经常故意输给孩子，这样，才会让孩子有成就感。

第二个方法，奖励孩子。

如果孩子作业完成得又快又好，家长要给予孩子适当的奖励。比如，家长可以带孩子去钓鱼或者吃美食。但要注意，这种奖励不要固定，要随机。

家长也可以和孩子商量，在几点之前完成作业，如果准时或者提前完成，就可以获得相应的奖励。

第三个方法，将学习和作业变为一件有趣的事。

在孩子年龄稍小的时候，家长可以把学习的形式变换一下，将作业这么严肃的事情，变为一项非常有趣的事。比如，学元角分时，家长可以给孩子一些钱，让他去买水果。买回来之后，让他讲讲，花了几元几角几分，买了几个苹果，买了几个橘子，买了几个香蕉。用这些小技巧，把孩子的积极性调动起来。

切记，要让孩子认识到写作业是一件很快乐的事情，这样他就会主动去完成作业了。

第三节　孩子写作业拖拉的七个原因及对策

你家孩子，写作业的时候会有拖拉、磨蹭的习惯吗？一到写作业时就有各种借口：比如喝水、上厕所、笔坏了，等等，相信这也让很多家长头痛不已。

孩子写作业拖拉的七个原因及对策。

第一个原因，很多题目不会做。

孩子对所学的知识没有掌握，写作业的时候就会遇到很多困难。

要解决这个问题，家长需要分三步走：

第一步，稳定情绪。遇到这种情况，家长要先稳住阵脚，保持良好的心态，切忌责备孩子，要不然孩子也会跟着你一起焦虑。家长一定要记住，孩子有些作业不会是正常的，一定要保持自己和孩子情绪的稳定。

第二步，摸清情况。当孩子告诉你某道题不会做的时候，家长要跟孩子去探讨，带孩子一起来解决。不过，我建议大家在所有作业都做完之后再去集中探讨这些不会的题目，而不是每当遇到不会的题目就来探讨一次，这样会让孩子养成依赖别人的坏习惯。

第三步，传授技巧。一定要培养孩子正确面对和处理问题的能力。比如，做作业时如果遇到不会的题目，可以先空下来。采用"先易后难"的策略，最后再集中处理难题和疑点。

第二个原因，技能不足。

技能不足包括几个维度，这里主要讲时间管理能力的不足。在1~2年级，家长要不断地给孩子看钟表，训练孩子的时间观念，并尝试使用番茄钟。到了3~4年级，可以正式使用番茄钟学习法。但在使用番茄钟学习法的过程中，家长不要追求孩子一定要做得完美，只要孩子每天都有成长、有进步，就足够了。

另外，还有列清单的技能、排计划表的技能，掌握这些技能都需要一个过程。家长要恰当地提示、引导，给孩子足够的时间和成长的空间。

第三个原因，专注力太差。

对此，有两个应对策略：

第一，加大孩子的运动量。在写作业之前，如果条件允许，花半小时的时间，带孩子做一下运动，这对提升孩子的专注力非常有帮助。

第二，做一些辅助训练。每天花 5~10 分钟，专门训练孩子的视知觉。有一些孩子，看错行、写错字、抄错行、抄错字，或者抄错答案，都是因为视知觉出了问题。这时可以用舒尔特方格进行专门训练，如字母舒尔特、数字舒尔特、图形舒尔特、诗词舒尔特等，既可以让孩子的身体放松，情绪得到更好的释放，也能让他的心更加安定，专注力得到提升。

第四个原因，价值感不足。

价值感不足，就会产生负向的神经链效应，觉得写作业是一件很痛苦的事。作业等于痛苦，见到作业，就想逃避，能拖就拖。根源在于家长不懂方法，心态着急，对孩子大量使用催促、吼叫、刺激、威胁、控制、打骂这"六把刀"，导致孩子内心千疮百孔，没有价值感，不喜欢甚至排斥，是不可能快速写作业的。

面对这种情况，家长要在语言、肢体、学习技能等多个维度上，系统学习和实践，探索出一系列可以促使孩子乐于写作业的方法。坚持几个月之后，孩子对写作业的态度，就会发生翻天覆地的变化。

第五个原因，家庭氛围欠佳。

家庭环境很重要。如果家庭成员的情绪不稳，经常争吵、斗争，家庭氛围不和谐，孩子的情绪控制能力就会比较差，情绪往往非常不稳定，很容易出现情绪过载的现象。这就相当于一个杯子装了太多的水，只要稍微一摇晃，水就会溢出来。这种家庭的孩子，极易"炸毛"，根本不可能安下心来做作业。

第六个原因，家长的打扰。

很多孩子写作业拖拉，并非是自身的原因，而是因为家长不懂得如何陪伴。比如陪伴孩子时，有人认为要讲话，有人认为不能讲话，有人认为要看孩子的年龄再决定要不要跟孩子讲话。我认为，陪伴孩子写作业的时候，能否讲话不能以年龄为判断标准，而应以孩子是否具备独立写作业的能力来作为标准。

另外，有的家长在孩子写作业时，随意多次进出孩子的房间，不断地打扰孩子，孩子的专注力会被干扰，甚至破坏殆尽。

第七个原因，来自家长的否定太多，导致孩子自暴自弃。家长的打击、否定过多，会使孩子自暴自弃，丧失自我价值。

这样的孩子，表面上会和家长说不要管他。但他们的内心里，其实特别渴望被别人看见。

家长要意识到这个问题，并且最应该做的就是：只要孩子有一点点进步，就要及时给他激励、鼓励、肯定。同时要擅于在生活细节中，发现他的优点和进步，并说出来，让孩子看见希望，这是非常关键的。

改掉拖拉的坏习惯，你可以让孩子这样做。

那么，如何改掉这些坏毛病呢？基于当前的现状，以及我自身的经验，我总结了两个核心点，来帮助家长：

第一个核心点，带孩子列写作业前准备事项清单。

孩子回到家之后，家长要先让孩子去休息，放松一下身心。同时列一下做作业之前的准备事项清单，比如喝水，吃饭，上厕所，拿出书本，开灯，整理作业本，整理文具（文具可以再细分），等等。让孩子在做作业之前，按照这个清单挨个准备并打钩。这样，就可以节省大量的时间。

第二个核心点，按照顺序，把作业清单（要完成的内容）列出来。然后，带着孩子按照这个清单去完成。

这里，我想告诉家长们一句话：拖拉、磨蹭只是表象，一定要看到背后的因果链，找到真正的原因，才能帮孩子真正调整过来。

最后，家长们可以想一想：你到底做了哪些让孩子丧失写作业的兴趣的事？你觉得导致你的孩子拖拉、磨蹭的原因里，哪几个是最核心的？

第四节　孩子感受好，作业才能高效完成

孩子写作业时，如果因为写得慢而经常受到批评，就会产生负面情绪，进一步导致写作业慢。

作为家长，我们要的是赢得孩子，而不是赢了孩子。家长不妨换位思考一下，你心情不好时，是不是也不想做事？所以，将心比心，就像你保持自己的好心情一样，去保持孩子的好心情。以后在孩子写作业时，想办法让他心情愉悦，他感觉好了才能做得好。

家长如何解决在陪伴孩子写作业时遇到的困扰。

家长在陪伴孩子写作业过程中，经常会遇到困扰。总结起来，之所以有这些困扰，都是因为孩子的感受不好。

下面让我们一起看看这些困扰，并解决这些困扰吧。

第一种，知识点薄弱，导致写作业慢。

出现这种情况的时候，家长一定要正向引导孩子，心平

气和地解决作业中的难题。

家长想"炸毛"的时候,不妨回想一下,在孩子刚开始学步,扑到自己怀里那一刻,自己开心得不得了的场景。那时,家长会说:"只要他开心就行。"但当孩子上了小学,家长却对孩子说:"我希望你考 100 分。"

因为这个时候,家长的期望值增加了,丢失了养育孩子的本真,忘记了孩子最需要学会的核心能力是幸福能力,给孩子传递的更多的是压力、要求、焦虑,孩子感受不到温暖。这时孩子就会希望通过自己的身体语言告诉你:你要调整了,你要改变了,你要学习了,你要向内成长了。

我有一个学员,他的孩子上 3 年级,原来写作业要 2 个小时,后来半小时就能写完。在这过程中,家长做了两件事:第一,跟孩子讨论番茄钟学习法,把他的作业做了一个排列;第二,只要孩子写得好,就给他鼓励、肯定、认可,让孩子觉得,写作业是一件享受的事。

第二种,孩子作业写完了,知识点还是不会。

如果孩子作业写完了,知识点还是不会,该怎么办呢?其实,写作业的过程,就是在巩固知识点。如果还有不会的知识点,就像前面讲的,在作业结束之后,家长再统一慢慢教给孩子。必要时,可以通过小老师复习法,让孩子再复述一遍,他对知识的掌握程度就会大幅度提升。

第三种，孩子做完作业，不检查。

写完作业后，要进行检查。一般的孩子还不具备自主检查的能力，家长最好要带着孩子做检查，否则他会有不好的感受。

作业检查的具体步骤，前面已经讲过，这里不再赘述。家长要明白，让孩子养成检查的好习惯很重要。

帮助孩子高效完成作业的几个小方法。

第一个，给孩子稳定的学习环境，包括固定的空间、固定的书桌等。相对封闭的环境，对他高效完成作业，是很有帮助的。

第二个，家长放下手机，安静地深度陪伴，对孩子高效完成作业，也是很有帮助的。

第三个，如果有条件，让两个孩子一块写作业，效率非常高。比如邀请优秀的同学来自己家写作业，一个家长做陪伴，两个孩子相互有一个比较，互相促进。

第四个，家长在陪伴过程中，一定要调整好心态。保证鼓励的话持续跟上，打击的语言持续减少，直至杜绝。

下面，我给大家一套鼓励的话术。如果真的能把这几个点都做到，小方法也能起到大作用。

描述式鼓励：

1. 我注意到闹钟响了两声，你就立即起床穿衣，这就叫"自律"。

2. 你在 5 分钟之内就把衣服穿得整整齐齐，这就是"效率"。

3. 我注意到你照着镜子刷牙，这就叫"仔细认真"。

4. 我注意到早餐的时候，你给爷爷奶奶都拿了一块面包，这就叫"懂得分享（或孝顺、有爱心）"。

5. 我注意到今天早餐你把东西吃得干干净净，这就叫"懂得照顾自己（或爱惜粮食）"。

6. 我注意到你今天吃完早餐后桌面是干净的，这就叫"讲究卫生"。

7. 我注意到吃完早餐后你把碗筷拿到了洗碗池里，这就是"懂得帮助（或分担）"。

8. 我注意到上学出门前，你主动跟家人说"拜拜"，这就叫"有礼貌"。

9. 今天早晨你从起床到出门，只用了 25 分钟，这就是"高效的时间管理"。

10. 我注意到你一放学回来就写作业，这就叫"独立"。

11. 我注意到你中间休息了 10 分钟以后，接着又开始写其他的作业了，这就叫"有计划（或自律）"。

12. 我注意到你在约定时间内关闭了电视机，这就叫"遵守约定"。

13. 我注意到你在写字的时候，一边写，一边读，这就叫"专注"。

14. 我注意到你写完作业以后，还检查了一遍，这就叫"认真负责"。

15. 我注意到你完成作业后陪弟弟/妹妹玩，这就叫"有爱心"。

16. 我注意到你在洗澡之前整理好了衣服和毛巾，这就叫"事先有计划"。

17. 我注意到你在10点的时候还在写作业，这就叫"坚持"。

感谢式鼓励：

1. 谢谢你遵守我们的约定，早晨闹钟一响就准时起床。

2. 谢谢你听了妈妈的建议，昨天晚上就把今天要穿的衣服整理好、放在床边。

3. 谢谢你按照自己的日常惯例表来安排早上的时间。

4. 谢谢你帮弟弟/妹妹拿玩具。

5. 谢谢你在吃早餐的时候还给家里的每一个人分享牛奶和面包。

6. 谢谢你吃完早餐后帮妈妈收拾碗筷。

7. 谢谢你在我们约定的时间（7点半）准时出门。

8. 谢谢你遵守我们的约定，在9点之前完成了作业。

9. 谢谢你主动把完成的作业拿给妈妈签字。

10. 谢谢你在吃饭时间，准时来到餐桌前。

11. 谢谢你帮妈妈分担，陪弟弟/妹妹玩耍。

12. 谢谢你的理解，让妈妈不再为自己的吼叫而感到自责。

13. 谢谢你在睡觉之前跟家里的每个人都道了声"晚安"。

14. 谢谢你在写完作业后主动练琴 / 书法。

赋权式鼓励：

1. 我相信你能在 9 点之前完成作业。

2. 我相信你能通过自己的努力准确地完成今天的作业。

3. 我相信你能在 5 分钟之后准时关掉 iPad。

4. 我相信你能知道怎样合理安排时间。

5. 我相信你能在弟弟 / 妹妹吵闹的时候去陪他 / 她玩。

6. 我相信你能知道怎样高效复习功课。

7. 我相信你能按自己的节奏复习好今天的功课。

8. 我相信你能想出提高语文成绩的好办法。

9. 我相信你能在闹钟响 3 次之内起床。

10. 我相信你能在 10 分钟之内洗完脸、刷完牙，然后去吃饭。

11. 我相信你能在吃早餐的时候和家人分享食物。

12. 我相信你能在早餐后帮助家人收拾碗筷。

13. 我相信你能在 7 点半准时出门去学校。

14. 我相信你能在出门前把书包整理好。

15. 我相信你今天一定能在数学课上有新的收获。

启发式鼓励：

1. 昨晚你在 9 点之前就完成作业了，你是怎么做到如此高效的？

2. 今天的数学作业只有一道题是因为疏忽大意做错的，你是怎样做到这么高的准确率的？

3. 你在半个小时之内完成了 15 个单词的记忆，你是如何掌握背诵单词的秘诀的？

孩子写作业时，家长要注意这几件事。

第一件事，家长平时要把手机、电视管控好，和孩子商量好规则，并坚定地去执行。

家长要学会把手机和电视管控好。太多的家长，因为孩子撒泼打滚、闹情绪，就直接把手机给孩子，这是不对的。允许孩子有情绪，但家长一定要守住你的底线。

在孩子 0~3 岁期间，禁止孩子接触手机、电脑等电子产品；3~6 岁期间，应尽量避免让孩子接触和使用电子产品；6~12 岁期间，要严格控制孩子使用电子产品的时间。不管哪个年龄段的孩子，在使用电子产品的时候，都要保护好眼睛。

但千万别告诉孩子，只要你把作业写完，我就给你看 10~30 分钟的手机。这会让孩子形成一种意识：作业是为了玩手机而写，而不是为了查缺补漏和提高知识的掌握程度而写。另外，孩子还可能因此而上纲上线，撒泼打滚，从而影响亲子关系。所以，家长断然不能这么做。

第二件事，正确看待孩子喜欢玩手机的现象。

如果孩子写作业的时候，总想着手机游戏。这看似是手机游戏的问题，但本质上跟手机游戏没有必然关系。家长要意识到以下两点：

第一，手机游戏确实很好玩，很多成年人都控制不住自己，何况孩子。所以，我们要客观地看待这件事。

第二，如果孩子真的有中度或重度网瘾，一定不要怪孩子。因为当孩子心里不安定、精神匮乏的时候，他只能从外界寻找寄托，比如手机等，来缓解自己的焦虑。就像成年人因为工作压力过大，可能会借助手机游戏来缓解自己的焦虑和不安。

作为家长，这时要深入反思自己的问题：夫妻关系到底怎么样？有没有给孩子家的温暖？陪伴孩子的时间和质量，到底怎么样？在日常生活中，给孩子培养的兴趣爱好有多少？如果孩子一点兴趣爱好都没有，心里一点营养都没有，生活环境一塌糊涂，他不在外边去找精神的寄托，又该怎么办呢？

所以，孩子玩手机只是个表象，根在家庭环境、在夫妻关系、在养育方式、在孩子内在的那颗心的营养有多少。如果孩子内在丰富、圆满，他就能活在安定、专注的状态当中。

我们是否愿意在某件事上坚持下去，关键在于我们在这件事上附着的感受如何。如果你在读书中，附着的是痛苦的感受，你就不愿意去读书。同样，你在玩手机时感受到的是痛苦，你就会扔掉手机。

我有一个学员，是一位妈妈，她的女儿特别喜欢玩手机，打游戏很厉害，但特别痛恨写作文。这位妈妈听完我的建议后，懂得了"神经链效应"。

回家之后，就兴高采烈地跟女儿说："宝贝，只要你8点之前写完作业，我就让你玩一个小时的手机。但我有一个要求，你同意咱就执行，你不同意咱就不执行。就是这个游戏，你必须每一局打第一，否则就写一篇作文。"

孩子二话不说就同意了。第一个星期，她游戏的结果还可以，只写了一篇作文；后面几个星期，她经常拿不到第一，一个月下来写了二十多篇作文。至此她觉得打游戏很难受，开始痛恨打游戏，把手机扔给她妈妈，不愿意再玩了。她不仅不喜欢玩游戏了，反而爱上了写作文。

家长朋友们应该记住，写作业背后，写孩子的感受是家长必须要关注的，感觉好才能做得好。家长们可以想一想：孩子在写作业时是什么感受？或者你在陪伴孩子写作业过程中，你觉得孩子是什么感受？同时，你自己是什么感受？

第七章

掌握这些技巧，考试轻轻松松拿高分

第一节　考前、考中、考后的心态调整策略

在正式讲解考试技巧之前，想和大家先讲一讲考试心态。因为心态好了，技巧才能发挥作用。

我把心态调整分为考前、考中、考后三种。

考前，不要焦虑。

在考前，家长和孩子都特别容易焦虑。我们先看一下家长和孩子各自焦虑的点。家长觉得分数特别重要，一次考不好，就会影响孩子的未来；或者会感觉很没面子。因此，很多家长患了考试综合征，孩子没着急，他先"疯"掉了。有些孩子担心如果考不好，会被老师、同学嘲笑，会被家长批评甚至惩罚。

如果家长和孩子都特别容易焦虑，我的建议是：

第一，知道孩子为什么焦虑。我觉得有以下原因：家长对每次考试都寄予厚望，给孩子造成了巨大压力；孩子从小到大得到历练的机会太少，没有形成强大的内心，抗压能力、抗挫能力不强。

第二，换一个角度看待分数。家长的焦虑和孩子的焦虑

背后，源于家长没有正确认识考试对于孩子的意义，给孩子带来了沉重的负担。

其实，除了中考、高考，其余考试都是在查缺补漏。如果查出来一些薄弱环节，这对孩子来说并不是坏事，而是好事。当我们客观地看待这个问题，就不会只关注到分数这个"果"，而能看到这个"果"背后存在的学习方法、学习能力、学习习惯方面的薄弱点，这些就是"因"。

第三，鼓励孩子积极参加校内和校外的各种活动，包括夏令营或冬令营。在学校里，我会鼓励儿子去参加各类竞选；我还会鼓励他参加体育活动，特别是打篮球，后来，他曾作为校队主力参加比赛；我还经常带他到处旅游，走遍了全国 30 多个省市的名山大川；此外，他还参加过 60 多届夏令营。这些对于他组织能力、管理能力、团队协作能力和抗压能力的提升，非常有帮助。

考中，不要担心。

关于考中心态，也要从两个维度来调整：一是家长的心态，二是孩子的心态。

家长正确的心态是降低期待。考试就是个检测，家长引导孩子，把基础分抓住就已经很不错了。

孩子正确的心态是不要担心后果。考试的时候，只想着考试。至于考得好或者不好，会引起什么后果，完全不要去想。只有心态平和、稳定，才能在考试中有正常和稳定的发挥。

考后，做改进计划。

很多人觉得，只要交了卷，考试就结束了。其实，这种认知是错误的。前面已经反复讲过，除了中考与高考，其余考试都是为了查缺补漏。从考试技巧层面看，只有当我们把试卷进行整体分析，并把改进计划列出来之后，考试才算真正结束。

家长要有一个理念：犯错是最好的学习机会，没考好不需要怪孩子。平时考试，只是孩子的一个阶段学习的结果呈现，重点不是分数，而是应该看到这个分数背后，暴露出的孩子在学习方法、学习能力、学习习惯等方面隐藏的一些缺陷和隐患。所以，家长要做的就是在孩子每次考试后，陪伴、引领、传递能量。家长应该记住：改进计划，比指责更重要，家长的认知对孩子的成长非常重要。

最后，我想告诉大家，考试分数，是一个自然而然的结果，我们的精力不应该花在结果上，而应该花在过程中，花在"因"上。家长们可以想一想，对于孩子考试，你是不是很焦虑，给孩子传递了非常多的压力？你都传递了哪些压力呢？

第二节　做好考前四大准备，考试才能不失常

考前只需要做好常态化准备即可。所谓常态化，就是跟平时生活一样，平时怎么做，考前就怎么做。不要在情绪上，让孩子起太大的波澜；不要在结果上，给孩子太大的压力。

考前要做好的常态化准备有：心态的准备，生活习惯的准备，物料的准备，考试知识点的准备。只有把这些准备都做好，孩子才能在考试中稳定发挥，甚至超常发挥。

生活习惯的准备：不要变。

在考前，保持正常的生活习惯，对孩子的考试非常重要。这里，给大家几个小建议：

第一，饮食的稳定。在考试前，饮食及生活节奏尽量保持稳定。不能因为要考试了，就大鱼大肉地加餐，这样可能会引发肠胃疾病。所以，千万要注意。

第二，保证睡眠。充足的睡眠，是孩子复习的重要保障。我们追求的是效率，而不是数量，没必要因为考试，就天天让孩子延长学习时间，甚至熬夜。更没必要住酒店，陌

生的环境会影响孩子的睡眠质量。

第三，家长注意言辞。考前心态的稳定比复习更加重要，能够让孩子在平和的状态下复习，有规律的生活，至少能保证孩子稳定发挥。家长稳定的心态，和善的言辞，友好的状态，对孩子心态都是影响巨大的。

物料的准备：反复检查。

绝对不能因为忘带准考证、铅笔、橡皮等东西，而影响考试。大型考试，因为忘记带身份证或准考证而被拒绝进入考场的事件屡见不鲜。考试前，家长最好协助孩子做一个物料清单。另外，文具最好准备两份。面对小升初或者中考、高考这种大型考试时，尽量提前把考试场地确认好，以免临时找场地，延误考试。

考试知识点的准备：要有计划。

关于考试知识点的准备，分为以下两种情况：

第一种，文科的准备。

第一步，制订一个大致的计划。比如，考前一个月内，把所有的课文全部熟读成诵，并默写下来；考前半个月左右，可以开始复习重点、难点、易错题；考前一周左右，开始准备考前物料。

第二步，每天早晨，家长带着孩子，做晨读训练。对文科而言，比如语文和英语，熟读成诵就是基本功。如果孩子把基本功练扎实了，就能建立良好的语感，对理解语法、读懂语句非常有帮助。

第三步，成果核验。每个周末，在孩子写完作业后，家长带着孩子做三件事：听写字词、短语等；让孩子默写课文；默写过程中，如果发现孩子对内容不熟，那就让其继续读，再默写。注意全程不要催吼，要和善坚定。

我儿子的英语，以前比较薄弱，这样复习之后，他的英语成绩提升得非常快。其实，考前知识点的准备，就是进一步提高孩子对知识点的掌握程度。如果孩子熟练掌握了基础的知识点，他自然就不会再焦虑。

第二种，理科的准备。

对理科的准备，例如数学，可以进行刷题。想要刷题有更好的效果，一要量少，最多三套就足够了；二要精，要刷历年的真题，因为含金量高；三要通过刷题，找到自己的薄弱环节，并汇总到整个错题系列中；四要针对错题进行专项攻克。这就是理科类考前要做的四个常态化准备。

考前的常态化准备，一般考前两周左右开始。如果家长希望孩子复习得更充分，也可以提前一个月，就开始带孩子做整体的考前复习。

最后，我想告诉家长朋友们，考试之前一定不要紧张、焦虑。家长朋友们也可以想一想，为了让孩子考出好成绩，你们平时都做了哪些有价值的事情？

第三节　答题的三个步骤及三个注意事项

要想考试取得好成绩，考中需要注意两个方面，一是考中心态，二是考中技巧。其中，考中心态，在前面已经讲过。接下来，我们重点讲讲考中技巧。

第一步，拿到试卷后，不急着做题，先整体浏览一遍。

拿到试卷后，一定不要急着做题，要把卷子的正面反面全看完，查看试卷和答题卡是否有缺损，如有缺损应立即举手向监考老师报告。然后签上姓名、准考证号等信息，再开始正式答题。

第二步，做题的时候，先易后难。

答题时，先做容易的题和会的题，遇到难题，先分析一下能否解决，能解决就当下解决，不能解决或者解决需要很长时间的，就放一放，留到最后统一再处理。

第三步，找到得分点。

文科考试，比如语文，作文有字数要求，写 800 字是多少分，写 1000 字又是多少分；阅读理解也是有得分点的，如果不知道哪个是得分点，可以多写几句话。

理科答题要注意步骤，如果答案不确定，一定要把步骤写清楚，因为理科是有步骤分的，如果直接写答案或者直接写结论，是要扣分的。如果把步骤详细地写出来，哪怕最后答案不对，只要步骤对，也能得到相应的分数。

答题的三个注意事项。

第一个，一定要使用分区草稿纸。

使用分区草稿纸，可以让每个题目的草稿都能很清晰，在后续抽查，或者感觉不确定验算的时候，都可以快速地在草稿纸上找到这个题目。

我有一个学员，她的孩子上 4 年级，每次数学考试，都在 85~90 分之间。妈妈通过分析试卷，发现大部分题目他都会，只是因为粗心导致丢了分。我们一起分析，发现孩子粗心的背后，存在三个问题：第一，没有打草稿的习惯；第二，做完题没有检查的习惯；第三，把答案誊抄到试卷之后，没有去核对。

后来这位妈妈按照我教的方法引导孩子，孩子数学考到了 97 分。

第二个，一定要进行卷面的整理，保持规范与整洁。

规范、整洁的卷面让人赏心悦目，它会在一定程度上影响阅卷者的评判。答题的时候，字一定要写得规范、完整，解题步骤一定要清晰，尽量不要涂抹和修改。这样，就不会因为卷面问题而丢分。

第三个，语文、英语的阅读理解的答题技巧。

首先，要知道阅读理解题的数量，不要一上来就读文章，要先读题目。比如做语文阅读理解，总共有三大步骤：先看每个题目的母题是什么，一般而言，小初语文阅读理解大致有 30 来个母题，即同一类型的题目，比如修辞手法题、中心思想题等；再看母题下面有多少个答题模板：每个类型的题目都有非常标准的答题结构和步骤；最后按照模板具体解答。

其次，看分值。要根据题目的分值，判断要答几个要点，比如：6 分题，至少答 4 个点，5 分题至少答 3 个点，4 分题答 4 个点或者 3 个点。

最后，用公式。基于分值，结合公式即每个题目标准的答题结构和步骤，进行综合判断，最终确定答几个点。

按照这种方法，比先读文章，再做题目，能省很多时间。

考试检查的要点。

第一，有重点、次重点之分。

在考试检查时，大家要注意区分重点。对基础知识的题目，比如字词填空、简单的计算等，在做完时就可以快速检查一遍，保证不丢分；对于分值很高而又不太确定做得对不对的题，要重点检查；其他题目，如果有时间的话，再做检查。

第二，不懂的题目，多次读。

考试如果遇到不会的题目，有个临时抱佛脚的方法，就是把这个题目读上两三遍，或许就能唤起曾经的记忆，比如类似的题目，类似的错题，类似的考点，可能思路就出来了。

当然，前提是你真的在平时把错题都熟读了。

实在不会，学会"蒙题"。

"蒙"也是一门技术，也是一种考试能力。如果孩子有解题的直觉、解题的思维，有出题者的意识，他蒙对的概率就比较高。有人肯定会说，毕竟是蒙的，以后再遇到这样的题目，他还是不会。而且，即便这次蒙对了，也不可能保证每一次都蒙对。

这里我要说明一下，"蒙"不是猜，而是根据掌握的既有知识和规律，对题目中的选择进行判断。蒙的过程，其实是重构知识的过程。即使蒙对了，之后也要把它当成错题整理出来，然后研究分析，彻底把这样的题目搞明白。

最后，我想说的是：考试，不仅考的是孩子的认知和对知识的掌握程度，还考的是孩子的综合学习习惯。

所以，家长朋友们可以想一想，你的孩子，有没有好的学习和考试习惯？

第四节　考后试卷分析的三个要点

在考试之后，我建议家长带着孩子做试卷分析，帮助孩子下次拿高分。

第一点，通过得 / 丢分率，判断孩子的能力。

试卷分析，能看出孩子在哪些地方丢分、哪些地方得分。通过丢分率和得分率，明确他的薄弱环节。这样，孩子在未来学习的时候，就会更加重视这些薄弱环节。

比如，看平时测试的平均分值。如果孩子平时数学平均 99 分、语文平均 95 分、英语平均 85 分，从分值判断，英语是比较薄弱的。另外，通过分值，还可以看出他的喜好程度：最喜欢数学，语文其次，最不喜欢英语。这时，就要重点抓英语。

很多家长在孩子考试后经常会踩一个坑：他们只看到分数的表象，分数高就开心，分数低就伤心，进而去打击孩子，这对孩子是没有任何帮助的。这个时候，家长正确的做法是静下心来思考，分数代表着什么。其实，分数代表着学习习惯和学习能力。每一分，都有它的价值。

　　家长认识到这一点，就会反思自己哪里做得不对或不够，以及应该如何带着孩子去改进；如果家长意识不到这一点，就只会否定孩子、指责孩子，觉得所有的错都是孩子的问题。

　　从结果来看，学习是孩子的责任；但进一步分析的话，孩子的学习成绩，跟家长密切相关，考试分数，也是对家庭教育的评分，体现了家庭的综合状况，尤其体现了家长对孩子的学习投入的精力以及用心程度。

　　因此，在提升分数过程中，家长不能只关注如何提升孩子的学习能力和答题技巧，而更要关注如何去提升和改善夫妻关系、亲子关系、原生家庭的氛围等，因为只有这些外在因素处理好了，那些学习的技巧和能力的培养才能起到最大效果。

　　第二点，定目标。

　　基于每个科目的得分率、丢分率，制定下一个阶段的目标。这个目标制定出来后，结合计划管理、预习管理、听课管理、复习管理、作业管理、考试管理，这个闭环中的六个环节，再次对目标进行拆解。下一个阶段，每一个科目的重点工作，就是按照这六大环节去执行。

　　在这个过程中，家长可以带着孩子一起分析讨论，并最终确定一个清晰的可实现的目标。

　　第三点，改进计划。

基于试卷分析后的六大环节，制订改进计划，列出执行清单。执行计划的过程，就是培养和提升孩子学习能力的过程。

这里，我想举一个例子。我曾帮一个合肥某中学初二女生复盘她的数学试卷，根据她的数学试卷情况，制定了改进她的计算基本功的目标。然后，基于这个目标和她的实际情况，针对六大环节制订详细的计划和执行清单，并监督其严格执行。6个月之后，她的数学提升了57分。

不同学科，有不同的提分策略。

语文，专项能力提升。

我曾帮助过很多学生在语文专项上进行了提升。

第一，阅读理解的提升。我有一个阅读素养课，叫"530阅读导航地图"，里面专门讲解了针对阅读理解题的答题策略。在初中以前，阅读理解题基本上包括5大类型，30个母题，大约80个模板。

第二，作文的提升。我们的阅卷老师，批改一篇作文用时15秒左右，核心就是关注开头、中间、结尾三个部分，即看作文开头是否引经据典，让人耳目一新；看结尾是否主题升华；看中间是否波澜起伏，结构清晰，主题突出。即龙头、凤尾、虎身。

如果开头、中间、结尾三个部分都很优秀，就是一类文；其中两个部分优秀，就是二类文；三个部分都不行，肯定是三类文。

我们可以给孩子找一些关于作文的龙头、凤尾、虎身的基本模板公式，以及让孩子背诵一定量的优词美句和每种题材的作文范文，让孩子熟读成诵。当孩子掌握了写作技巧，并且积累了足够的素材后，他的作文轻松可以达到一类文水平。

需要说明的是，语文是由基础知识、古诗词、阅读、作文四个部分组成的。上面提到了两种，至于基础知识、古诗词，大家可以自行寻求提升方法。

总之，对语文而言，就是要基于试卷分析，找出孩子的短板以及改进方向，再结合我们的方法、习惯，以及一些定向的学科技巧，孩子提升得会非常快。

数学，提高基本功。

数学的基本功是计算。由于家长没有足够重视，很多孩子的计算基本功都不扎实。

分析一下孩子的试卷就会发现，有很多题丢分的本质都是因为粗心。而粗心有两个原因：一是他的流程能力不足，二是他的基本计算能力不足。建议按照"333"法则以及"754"法则进行强化提升，前面讲过，这里不再赘述。

当我们分析试卷之后发现，有些孩子的应用题读题能力不行。对此，我们给家长提出以下三个建议：在接下来两个月中，让孩子把过去所有做错的应用题，全部拿出来熟读成诵；把过去所有学过的知识概念、定义、公式，熟读成诵；找一些专题类题目、同类型题目，做强化练习。

我们会发现，照此执行 2~3 个月后，孩子提升 10~15 分非常轻松。

还有的孩子，视知觉很容易出问题，聚焦能力、分辨能力不足，经常看错行，跳漏字，抄错答案等，不该丢的分全丢了；还有些孩子，非常"懒"，直接写出答案，能省事就省事。对于这样的孩子，我们建议家长：必须使用分区草稿纸，比如"八宫格纸"；带着孩子，在分区草稿纸上打草稿，并标清题号；做完题目后，把每一道题目验算一遍，验算完打钩；让孩子把错题摘抄一遍，并给孩子固化这个习惯。

一般情况下，照此执行 2~3 个月后，孩子的这些问题基本都能得到解决。

英语，理解单词。

英语，不要只简单地背单词。因为只是记一个单词是没有太大意义的。就像语文，要考一个字，肯定是把这个字融入词、句子甚至文章里去考的。英语的单词也是一样，考单词，肯定是考单词在短语里、在句子里的应用。所以，我们给所有想要提升英语成绩的孩子三个建议：早晨晨读，把每一篇课文读得滚瓜烂熟；反复地背诵；能够把整篇英语课文默写出来。

反复地读、背诵、默写，把这三个做到位了，英语成绩就不会差。

另外，复盘英语，家长需要注意以下几点：

第一点，不管是完形填空、阅读理解，还是选择题、判断题，都需要基本功练习。这里的基本功，就是熟读并背诵课文。

第二点，在单项题目上有技巧。比如，阅读理解中很多语句不懂，我们教会他做英语阅读理解的方法。

比如，一个词串或者句子，他不需要知道每个单词的意思，只要能分辨出主谓宾或主系表就可以了。至于其他的限定性词语，知不知道不重要。知道了整个句子的框架，我们再教孩子怎么去理解这个词串或者句子，怎么去猜这些陌生单词的意思，然后再去对整篇文章进行解读。

掌握了这个方法，阅读理解的得分率就很高。但如果没有章法，那么阅读理解就很容易丢分。

政史地生，针对性训练。

把一个学期所有的试卷拿出来，做一个综合分析，看一看哪种类型的题目，自己经常会做错；哪些专题板块，涉及专项内容的题目，更容易丢分。

具体实操的方法有两个：

第一个，找出薄弱的板块，拿出专门的时间来进行针对性的练习，重点分析和理解。

第二个，对同类型的题目，去研究它的答题技巧和答题规律。

其实，对于小四门而言，关键还是在平时的学习和积累，如果把日常的计划管理、预习管理、听课管理、复习管理、作业管理、考试管理，这6个环节都做到位了，成绩自然不会差。

化学、物理，具体分析。

化学、物理，跟数学很类似，需要基于具体的问题去分析。这两门课同样涉及计算的基本功，和对概念的理解能力，解决好这两个基本功的问题，孩子才能真正提高。

所有成绩优异的学生，一定是把这六大闭环的每一个学习习惯，都能夯实了。因为，分数只是塔尖，是由六大支柱——六大习惯支撑起来的。好的学习习惯养成了，分数就是水到渠成的。

最后，我想告诉大家，考试后的应对策略，最核心的就是做试卷分析。通过试卷分析，我们能够找到原因、找到对策、找到方向、找到真正的提分点。家长朋友们还可以想一想，进行试卷分析的时候，你有没有真正意识到，分数其实是学习习惯的集中呈现呢？

第八章

父母成长，就是给孩子最好的教育

第一节　养育孩子，就是把自己再"养育"一遍

在家庭教育方面，父母的认知在一定程度上能够决定孩子成长的天花板。父母的状态，就是家里的"定海神针"，父母心性稳定，孩子就能健康成长；父母心性不稳，孩子就会出现各种问题。

爸爸代表一种父系力量，是目标、是勇敢、是坚韧。孩子如果能在爸爸那里获取健康的父系力量，那他在学习中遇到困难或挫折时就不会轻易退缩，而是会积极、乐观地面对，并且迎难而上，目标坚定。以后他走上社会，事业也会做得非常出色。

妈妈代表一种母系力量，是爱、是包容、是接纳、是理解。优质的母系力量，会让孩子在未来的学习和工作中，更擅长表达爱和处理人际关系。

教育孩子时经常踩的坑。

第一个坑，孩子不如家长的意，家长就认为是孩子错了。

很多家长认为，孩子行为异常，很多事做得不如自己的

意，是孩子有问题，其实未必。孩子其实是在用异常的行为，提示父母需要成长了。父母动辄"炸毛"，是因为孩子不遵守自己的条条框框，没达到自己的预期和标准。父母也要通过不断的学习，自我成长，学会站在孩子的角度去理解他，接纳他。不要轻易"炸毛"，给孩子的心理更多的营养，他的异常行为自然就会减少。孩子的内心强大了，就能从容面对一切，这时，还需要父母担心吗？

第二个坑，不知道六把"刀"对孩子的危害。

在教育孩子的过程中，很多家长习惯去指责孩子，觉得孩子什么都做不好，都是孩子的责任，动辄就催促、吼叫、刺激、威胁、控制、打骂孩子。其实，不是因为孩子本身不好，而是因为父母不断地向孩子飞出这六把"刀"，孩子才会行为异常啊！这六把"刀"，戳在孩子的心上，刀刀见血。心口流血的孩子，能好到哪里去呢？行为能不异常吗？

第三个坑，只看得见孩子的成绩，却看不见孩子的内心。

关于这个坑，我这里有个案例，希望可以帮助大家更好地理解这一点。

我有一个学员，她是上市公司的高管。她每天都要花4个小时陪孩子写作业。虽然孩子只上4年级，但是已经相当厌学了。她感到很痛苦，就通过朋友找到我。我当时帮她进行了"诊断"。我问她："你觉得孩子重要，还是作业重要？

或者是分数重要？"

因为她是上市公司的高管，特别要强，对孩子倾注了一种执念，所以一直以来，她都是在关注作业和分数。我问完她这句话后，她沉默了。我告诉她要"赢得孩子，而不是赢了孩子"，她一下子就醒悟了。从此之后，她不再像以前一样紧紧抓住孩子的成绩不放，开始关注孩子的状态，看见孩子的优点，看见孩子内在的需求，看见孩子异常行为背后的渴求，让孩子重新感受到安全、温暖、爱。心理学上有一句话：看见即疗愈。慢慢地，孩子感受到妈妈的变化，对抗感消除了，他的自觉性、主动性，开始慢慢有了转变。

过了一段时间，这位学员找到我说，孩子以前拖 4 个小时才能完成的作业，现在一个小时左右就能完成。时间充裕了，孩子也更喜欢跟父母在一起交流，经常讲班上发生的事情。现在，孩子每门课的成绩能稳定在 95 分以上。

通过这个故事，我想告诉大家，看见孩子内心的需求很重要。家长一旦开始成长，孩子自然也会成长。其实，孩子是家长最好的老师，家长很多时候能够从孩子身上照见自己。

比如，家长如果很功利，他从孩子身上，照见的就是功利（成绩）。但是过度的功利心，不仅会伤害孩子，也会伤害家长自己。家长的功利心越强，越执着于孩子的成绩，孩子的成绩反而越不好。当家长放下功利心，"看见"孩子的时候，孩子的成绩就好了。这就相当于，家长和孩子又都"活"了一遍，成长了一遍。

特别要说的是，有的家长有很强的控制欲，要求孩子必须按照自己说的办。家长的内心越匮乏，就越会对未来充满恐惧，越喜欢掌控，越喜欢在家里强调是非对错，要孩子听话。家长以为孩子只要按照自己的标准去做，未来就是确定的，未来就是好的，其实这是不可能的。家长这么做，其实更多的是满足了自己的心理需求，对于孩子的成长毫无益处。家长需要知道，孩子只有拥有一颗安定且勇敢的心，才能面对一切艰难险阻。

帮助父母走出教育误区的几点建议。

父母如果真想解决孩子成长的问题，走出教育误区，我有几点建议。

第一个，解决自己和原生家庭的问题。

我们必须解决自己和原生家庭的问题。因为我们所有的习性、认知、信念、行为，都来自原生家庭。我们为了忠于孝道，承接了父母的情绪、习性、能量。

我们如果没有看到这一点，不能和自己的原生家庭做和解与分离，就会带着家族的命运、家族的情绪，甚至某种更深层次的东西，负重前行，我们也就不能全身心投入当下的生活。

第二个，提前学习与布局。

普通的家长，只要孩子总体表现还可以，他就觉得没问题了；或者，当孩子出现一些问题的时候，他认为通过自己的强权，也能解决。但有智慧的家长，会通过孩子生活中的细节，感受到孩子内心的需求，以及可能会出现的问题，进而提前布局、提前规划、提前学习。他自己成长了，孩子也能避免很多坑，身心得以健康成长。

家长要持续、系统地学习一些技术层面的东西，比如家庭教育的方法。这些方法在孩子早期，尤其是在孩子 10 岁以前，对孩子行为的引导、心理的建设，非常管用。

学习成绩要想超级优秀，孩子要掌握每一科的学习方法。更重要的是要养成计划、预习、听课、复习、作业、考试的学习习惯。比习惯更关键的是孩子的学习动力，家长得知道怎么去激活孩子的内在动力，要学会引导孩子用心，激发其内心的力量。

第三个，学习内在成长的相关课程。

通过学习一些内在成长的相关课程，父母就能看到自己的情绪、看到自己的行为模式、看到自己的信念，进而让自己这颗心，从自己的情绪、信念、想法、思绪中剥离出来，以一种超然的态度引领孩子。

养育孩子，目的不在于分数，唤醒孩子内在的良知，唤醒孩子那颗能听、能看的心，这才是教育的根本目的。

第四个，父母以身作则。

这里有两个要点：

第一个要点，良好的夫妻关系。因为夫妻关系是家庭关系的"定海神针"。夫妻恩爱，是给孩子最好的礼物。

第二个要点，父母承担好各自的责任。一般来说，我建议，爸爸要勇于在重大事项上做决策，要有担当，给孩子做好榜样；妈妈要处理好事务的细节，对孩子温柔以待。这样，父母对孩子的影响和帮助更大。

身体好，才能学得好。

身体好，可以让孩子学得更好。日常生活中，家长应该怎么带孩子进行运动，保持健康的体魄呢？

一般而言，包括两大方面。

第一大方面，家长要关注自己的身体。

有些家长情绪特别不稳定，动不动就生气，而且特别没有耐心，做事无法坚持。这些心理和情绪的问题，都可以通过改善身体状态来缓解。对此，我有几个建议：

第一个建议，坚持每周 2~3 次，每次 30~60 分钟的慢跑，这样既锻炼了耐力和毅力，也会让人身心愉悦，内在力量增强，身体状态得到改善。

第二个建议，冬天、夏天，多泡泡脚，可以祛除体内的寒气和湿气，从而使身体轻松，心也会随着轻松。因为身体不通，心则不通。

第三个建议，学一学站桩、闭息鼓腹、八段锦等。这些运动可以让你的身体更通透，更有力量感；遇到困难时，情绪会更加稳定。一般来说，坚持三个月就可以产生明显的效果。

第二大方面，让孩子做相应的运动。

这里，主要分为四点。

第一点，如果孩子写字时会手酸、手疼，这是因为孩子的小肌肉发育不成熟，可以把他送到专业机构，练习乒乓球、羽毛球、跳绳等，通过几个月的练习之后，这些小肌肉问题会慢慢改善。

第二点，如果孩子走路横冲直撞，就让孩子参加大肢体运动，比如，足球、篮球、排球等。这样就能在很大程度上，改善他平衡觉、大肢体运动不足的问题。

第三点，不管孩子有没有上述的问题，家长都要给孩子报一些专项的运动班。甚至可以不上所有的学科补习班，也要上运动班，比如攀岩、游泳、篮球等。必要的情况下，上两个都是可以的。运动会让身体释放多巴胺，改善孩子的情绪。运动也能大大提升孩子的自信心。自信心提升了，在面对困难时，孩子就不会退缩。另外适度的身体运动，对大脑的发育也有好处。

第四点，家长鼓励孩子参加体育比赛，比如参加篮球比赛、足球比赛等。如果孩子参加了校队，就有机会参加更高级别的比赛。孩子的格局就会慢慢变大，荣誉感、责任感也会大大增强。

最后，我想告诉家长朋友们，孩子是我们的镜子，家长好好学习，孩子才能天天向上。养育孩子的过程，也是家长自我修行、自我修炼、自我提升的过程。你愿意从孩子身上看到自己的影子吗？

第二节 原生家庭与孩子的人生

家长所期望孩子成为的样子，其实映射了他们失落的童年。因为家长童年时没有被满足的心理和物质的需求，一直在心里留有记忆。成年后，他们会无意识地追寻这些东西。在他们养育孩子的过程中，会一览无余地展现出来。

这样一来，家长在童年的遗憾和缺失，会在孩子身上重复一遍，也就是说，他们的孩子也会出现同样的原生家庭问题。

为了更好地帮助大家理解这个现象，我跟大家分享几段我的经历：

第一段经历，人员扩张又裁减。我在做企业的这十多年中，人员反复扩张又裁减，经历了几个起起伏伏的阶段。而这些起伏背后，是我希望把企业做大、做强，这是我内在的一个执念。

第二段经历，办公室搬来搬去。这十年中，我们的办公室，反反复复搬了很多地方。为什么会不断地搬来搬去呢？因为我想要追求更好、更大、更强。

第三段经历，50个人做100个人的饭。我们有一次外出学习，本来只需要做50人的饭，我怕不够吃，总想着再加一点，结果做了100人的饭，最后还剩了不少饭菜。这件事的背后，是因为我什么事都追求大、追求多、追求全，造成了不必要的浪费。

后来，我突然觉察到，不管是人员规模的变动、办公室的搬迁，还是怕饭不够吃，都是我在无意识地向外抓取以弥补我内心深处的缺失。而这个过程，让我的身心异常疲惫，负面情绪积压得非常多，让我又忙又累。但是，心依然没有安定。

那么，这样的生活，还要持续吗？真的是我想要的吗？真的是我所追求的吗？并不是！所以，我突然意识到，所有向外抓取的行为，都源于内心的匮乏。

这就让我想到了小时候，当时家里非常穷，住的是土坯房，父母也是普普通通的农民，生存压力比较大。原生家庭的那些经历，那些未被满足的需求，在我内心深处留下了深深的烙印，以至于我在工作甚至创业后，这些未满足的需求，都会毫无保留地展现出来。

为什么要和原生家庭和解。

我们成年之后，需要和原生家庭进行和解。为什么要和解呢？主要有以下几个原因：

第一个原因，一个内心匮乏的人，吸引不了足够的财富、足够的事业。

当我意识到这个问题后，我就会一直看着我的思维模式、情绪和信念。每当这时，那种原生家庭带给我的思维模式、情绪、信念就开始转变、消融、瓦解。而在那一刻，我也开始回归我的内心，看到我真实的需求。

之后，我最大的成长，就是不管遇到什么事，我都会回归我的内心，跟"心"去交流："这个事想告诉我什么？这个事想教会我什么？这个事我是否可以全然信任与接纳？我是不是可以从这个事中体会到人生的目的和意义？"

当不断跟"心"交流的时候，我突然发现，曾经那种焦虑的、着急的、向外抓取的状态，都发生了巨大的转变。而且很多时候心里是暖和的，甚至这种暖和会由心口扩散到全身。

以前，我经常坐不住、心不安，永远在担心着未来，永远放不下过去。现在，我可以坐在办公室，一个人，泡个茶，安安静静地待很长时间。

养育孩子要用心而非用脑，这需要慢慢学，慢慢体会。很多人搞不懂什么是用脑、什么是用心。简单来说，用脑是思维的、分析的、评判的、控制的、思考的、指责的、批评的；用心更多的是智慧的、温暖的、舒服的、安全的、踏实的、安定的。

第二个原因，匮乏感，会给亲子关系带来不好的影响。

当内心匮乏的时候，你会下意识地想要控制。这个感觉，是一种强权，是一种要求，是一种标准。

我儿子五六岁时，有次他在广场上，看到了一个特别喜欢的玩具，很想要。我为了彰显权威，坚决不买。然后，我俩就僵持。最后，他妈妈说，不要管他。我们直接就走了。走了好远后，儿子害怕了，跑过来追我们。

可见，当我们内在匮乏时，会更多地考虑自己的感受；为了寻求掌控感，就会忽略孩子的感受。直到我们不断地成长和经历、不断地内观，意识到这个问题后，我们才有可能做出调整。

第三个原因，匮乏感，会让孩子害怕冲突。

和原生家庭和解，能够看到原生家庭附着在我们心上的负担。

我小时候有一次在开心地写作业，但爸爸妈妈突然开始吵架。整个家里氛围立刻不一样了。从那之后，我开始害怕父母之间的冲突，害怕人与人之间的冲突。这使我无论是在养育孩子的过程中，还是在工作中，一旦遇到各种关系的冲突，就会选择逃避——与事业合伙人出现冲突，我会选择退让；遇到纠纷，我会选择屈服。

因为我害怕冲突，造成了很多金钱上的损失、身体上的疲惫，还有负面情绪的堆积。以至于后来，身体出了状况，必须做手术。其实，这些都是在提醒你。如果你还没有意识到问题的根本原因，它会继续变本加厉地伤害你。

如何与原生家庭和解？

目前，我与原生家庭和解得还是比较好的。我意识到：父母有父母的命运，我有我的命运；我不需要对父母提出更高的要求和期待，他们的婚姻状况、生活水平，那是他们自己的选择，我只要尽到我的责任就够了。

正因为如此，我应保持的是一份尊重，而不是干涉的态度。所以，不管他们如何，我需要成为我想要的样子，而不是复制他们的身体、行为、习性和命运，来忠于他们。

归还能量的话语。

关于向自己的父母"归还"能量、与原生家庭和解，我有一段话，特别想在这里跟大家分享一下：

亲爱的爸爸妈妈，你们给予了我生命，并且把我抚养大，非常谢谢你们。你们是父母，我是孩子，这是事实。你们的关系、养育方式、言语行为，给我造成了很大的影响，这也是事实。你们是独立的个体，我尊重你们的命运，我尊重你们的婚姻，我尊重你们的生活方式，我也尊重你们的局限性，在你们那个时代，你们已经尽了最大努力。同时，我也尊重我当下的生活状态。

所以，从今天开始，我决定把属于我的"能量"拿回来，把属于你们的"能量"还给你们。从今天开始，我要过属于自己的生活。往后的日子，我需要绽放自己，我不会通过复制你们的命运来忠于你们，而是要通过绽放自己来让你们感到骄傲。谢谢你们给予我生命，谢谢你们把我抚养成人。

接下来，在内心向父母深深地三鞠躬，以示感恩、和解与分离。

这是一段关于自我疗愈的话。很多家长听到这段话后，非常有触动，然后，他向着自己内心默念之后，跟原生家庭的关系，会有一些分离。这个方法，需要结合具体的情况使用，在安静的状态之下，辅以轻柔音乐，分离的效果会更好。这个小练习，需要长期去做。

做好分离，心理"断奶"。

孩子的边界感，来源于当年父亲给予他的父系力量。当一个人的家庭环境中，有爱、有滋养、有父亲的榜样，那么他的内心力量感就会上升，他的父系力量也就上升了。当他遇到问题时，就能敢于面对，而不是委屈自己。所以，父亲与孩子之间的关系，决定着孩子的边界感。

一个男人，要想跟自己的原生家庭建立边界感，他必须先跟妈妈做好分离。但很多男人从小生长在宠溺的环境中，始终没有脱离妈妈的滋养。换句话说，一些男人虽然已经成家，但他心理上没有"断奶"。他只有自己真正下定决心独立，并且在内心做相应的疗愈，他才会真正独立。否则，这个男人一辈子都会是个"妈宝男"。

独立的方法有哪些呢？第一个，与父母保持一定的"物理隔离"，也就是在空间上保持一定的距离；第二个，参加心理疗愈课程，要跟父母做交还、做分离；第三个，必要时，在专业人士的指导下举行一个自己跟父母做相应的分离的仪式；第四个，在日常生活中，训练自己的心力，心力上升了，觉知力、洞察力、自控力也会随之增强，在深刻理解自己的言谈举止和原生家庭内在的渊源和因果链之后，就能觉知自己的行为。当觉知自己行为的时候，每个当下都能保持一份"知"，原生家庭的影响就会慢慢减弱，自己也就能安于当下了。

而女性要想真正地与原生家庭和解、分离、成长，一方面，她最好有经济独立的基础做支撑；另一方面，女性更重视感受，她需要长期学习，最好是陪伴式成长，同时反复地实践，要历经不断的跌宕起伏，才能够真正成长。

走出原生家庭循环的几个原则。

第一，平衡的原则。

在一个家庭中，家长对子女付出过多，而子女没有给到家庭相应的反馈，就会产生能量失衡的问题。所以，在养育孩子的过程中，家长跟孩子一定要保持一种相对平等的状态，而不是宠溺，一味地付出。要让孩子也做出一些付出，比如做一些家务活等。

第二，尊重的原则。

我们必须承认父母是大的，我们是小的；父母在先，我们在后；父母是长辈，我们是晚辈。必须承认家族、家庭发生或存在的事实，我们才有可能进行关系修复。

第三，当下家庭优先原则。

原生家庭是一个系统，当下家庭是另一个系统。我们当下的家庭，要优于原生家庭。只有把我们当下的家庭先照顾好，我们的原生家庭才有可能更好。

如果我们在生活中，把原生家庭看得过重，当下的家庭就会遭受困难和挫折。如果一个爸爸，把儿女看得比妻子重要，家庭将会失衡；如果一个妈妈，把孩子看得比丈夫重要，就会导致夫妻失和。

所以，当下的家庭，比原生家庭重要；夫妻关系，大于亲子关系；自己最重要，其次是夫妻关系，再次是亲子关系，最后是父母。要尊重系统的法则和规律，谁违背了这个规律，谁的家庭就会出乱子。

在此，我想告诉大家，你经历的所有磨难都是一份礼物。如果向外看，这份礼物毫无价值，你会抱怨；如果向内探索，你将有机会打开这份礼物，得到里面蕴藏的巨大宝藏。

雷霆雨露，俱是天恩！在生活中遇到困难与挫折，你觉得是好事还是坏事？

第三节　摆脱夫妻关系的困扰

在夫妻关系中，边界感只是形式，最重要的是，夫妻两个人有没有用心经营着关于爱的一切。在电影《大内密探零零发》中，零零发和老婆吵架时，他老婆说了一句话："老公，我给你做一碗面，好吗？"零零发本来在愤怒的情绪当中，听到这句话，他突然愣住了，因为他通过这句话，感受到了对方的爱。

夫妻之间，如果没有了爱，谈边界感都是空话；有了爱，就知道相互的边界所在。所以，我认为夫妻之间，有没有爱是最关键的。

每一天早晨，无外乎要催孩子起床、给孩子做早餐、带孩子晨读、送孩子上学。做同样的四件事，有的家长把家里搞得鸡犬不宁，有的家长让这个家温暖有爱。

差别就在于，家长在做这四件事的时候，是处于焦虑、不安、掌控的情绪之中，还是带着满满的爱意。两者之间有着巨大的差异。有的家长说给孩子讲多少次了，他还这样，还要怎么讲？要知道，是因为家长没有爱孩子才会如此！因果关系不要搞错了。

当我们没有带着爱去做一件事的时候，你看到的都是算计、得失、不公，都是焦虑、掌控、服从；当我们带着一份爱去做事的时候，都是温暖和美好。

你心里有没有爱，不是对方决定的，你可以自己决定，你可以为自己负责。你们夫妻之间，还有爱吗？能做些有爱的事情吗？能在做事的时候，重新带上那份曾经的爱吗？

边界感不清晰，容易产生矛盾。

孩子的教育问题，是大部分家长最头疼的问题。受传统观念的影响，妈妈在教育孩子这件事情上付出的更多。如果孩子的学习不好，很多爸爸也会怪罪到妈妈头上。

妈妈，其实，很不容易。我也经历过类似的冲突，但后来，我认为这不只是妈妈的责任，而是夫妻共同的责任。因为我们的夫妻关系，给孩子创造的家庭环境，对孩子影响巨大。毫不夸张地说，夫妻关系的好与坏，在某种程度上，决定着孩子的未来。

我有时回家之后，由于工作的原因，会有一些情绪，总是在不经意间，由于孩子的一个小错误而发火。几次之后，我就觉察到孩子没有任何问题，家长才是问题的根本。其实，是我在无意识之间，把我在外界所感受到的情绪，毫无保留地发泄到了孩子身上。

所以，当我们发火的时候，要有一份觉察，这个情绪从哪里来？这个情绪来源于另一半没有按照自己的想法办事吗？这个情绪来源于我们对孩子未来的担忧吗？当我们的内在真的有了那一份爱的时候，这个情绪就不会存在了。

因为家不是一个讲理的地方，而是一个讲情的地方。男人回到家后，只有放下自己的思考，才能让爱在家里流淌，去真正地看见爱人的感受、孩子的感受。当我们看见这份感受时，带着这份爱，再和家人做交流，我们所有的边界就会清晰，也就不会有任何矛盾了。

女性个人成长，可以这样做。

第一个建议，持续学习，终身成长。人生的战场从来不在身外，而在自己的内心。女性的幸福，其实是自己可以决定的。我们认为这是苦，那就是苦；认为这是甜，那就是甜。苦和甜是自己定义的。训练自己的心，让心力成长，自己的人生自己来定义，这是根本。

第二个建议，如果可能，经济上要尽量独立。当一个妻子没有收入，经济上完全依赖丈夫时，她在人格上可能就会缺失一部分，说话做事也可能没有底气，会畏首畏尾。所以，工作也罢，其他方式也罢，女性都要有相对稳定可靠的经济收入，安全感会更足，独立起来就会更加容易。

第三个建议，成长是个人的事情，坚持去做就行了。有些女性在想要个人成长的时候，有太多顾虑，说明她并没有真正意识到成长对她的重要性，并没有真正决定成长。

在我遇到的家长中，有很多妈妈偷偷摸摸报课学习，但如果老公不支持，有一部分妈妈就会退缩，不再学习。也有个别妈妈，依然坚持学习。三个月或六个月后，坚持学习的妈妈发现自己的结节变小了，身体通透了，心情也变好了。此时，她真的会意识到，女人的成长跟男人没有关系。只要她下决心成长，就一定能收获属于她自己的东西。

但是，女人不要指望男人成长，也不要要求男人成长，更不要觉得男人不成长，孩子就不会好，这是错误的认知和做法。其实，自己成长了，身心健康了，情绪稳定了，孩子也主动学习了，当男人看到这些明显效果后，也很容易被感召过来，开始主动学习。

这是在我的 18 年的教学生涯中，被无数次验证很有效的一条路。

良好的夫妻关系，是这样的。

前面讲过，给孩子最好的礼物，是爸爸爱妈妈，妈妈爱爸爸，这也是良好的夫妻关系。要想拥有良好的夫妻关系，可以这么做：

第一，夫妻之间，要能真正看到对方内心的需求。

夫妻相处，最重要的就是能真正地看到对方内心的需求。尤其是丈夫要明白，妻子在家里带孩子，很不容易。她把自己一生中最重要的时光，都奉献给了孩子、奉献给了这个家。

如果丈夫看不到这份努力，看不到这份付出，妻子心理就会失衡。同样，妻子也需要看到丈夫为这个家的付出。夫妻需要各自承担属于自己的责任。夫妻关系需要经营，而不是"巨婴"般过家家，相互索取爱。

第二，在家的时候，少讲道理。

家从来不是讲理的地方，而是讲情的地方。比如，丈夫要照顾妻子的感受，创造一些仪式感，花一些时间做陪伴，做一些可口的饭菜等，她们会非常喜欢。妻子同样也可以这样做，甚至经常"撒娇"，让丈夫感受到家的温暖。

当夫妻双方之间走心而不是走脑时，彼此能够觉察到；讲话、做事是不是带着一份爱，对方也能感受到。因此，爱是根本。

最后，我想告诉大家，在夫妻相处中，标准、应该、对错多了，爱就没有了。夫妻之间，不要指责另一方，因为另一方给你带来的痛苦，都是你允许才会产生的。你为自己的这一念投入了能量，允许这一念长大，你才会受到伤害。如果你不允许、不关注这一念，伤害就不会有。

大家可以想一想，夫妻关系如果出现问题，自己的责任在哪里？

第四节　情绪不可怕，不懂情绪才最可怕

在一个家庭中，如果妈妈的情绪不稳定，爱发脾气，会给其他家庭成员带来很大的负面影响，而对孩子的影响是最大的。所以，妈妈一定要管理好自己的情绪，营造有利于孩子健康成长的家庭氛围。当妈妈的情绪出现波动的时候，其他家庭成员要尊重妈妈的感受、理解妈妈的行为，并且加强沟通，帮助妈妈调节。

坏脾气妈妈对孩子的影响。

妈妈的坏脾气对孩子的影响，主要包括以下两个方面：

第一个方面，孩子会把大部分精力花在对抗情绪上，导致用来学习的精力少得可怜。

相信很多妈妈都有这个体会：不辅导孩子作业时母慈子孝；一辅导孩子作业，就鸡飞狗跳。比如，孩子对某个知识点不理解、学不会，在妈妈教了三五遍后，孩子还是不会，然后，妈妈就发脾气了。结果，越吼孩子越怕，越吼孩子越不吱声。

其实，这种方法是不对的。如果孩子在这种担忧、焦

虑、愤怒、逃避的情绪中，他的行为一定会失控。100 分的精力，他就会花 90 分的精力，来抵御内在的精神消耗，而用仅剩的 10 分的精力去学习，怎么可能学好呢？方法对了，孩子就能改进。此时，妈妈如果能静下心来，去感受孩子的内心，并安抚他的情绪，让孩子能够把精力重新用在学习上，他才能提高学习效率，更快更好地掌握这个知识点。

第二个方面，孩子内在匮乏，就会太在乎别人的评价，好面子，并容易做出攻击性行为。

在家庭中，但凡父母情绪不稳定，经常对孩子催促、吼叫、刺激、威胁、控制、打骂，孩子内心就会十分匮乏。他会特别在乎别人对他的评价，尤其在乎他在乎的人对他的评价，特别好面子，特别容易做出攻击性行为。这样的孩子，到高年级的时候，会变得非常脆弱。因为，攻击性行为，本质上是为了保护自己。

综上，妈妈的坏脾气，不仅会让孩子情绪过载，导致情绪十分不稳定，还会让孩子的专注力变差，学习效率降低，甚至会让孩子永远活在焦虑、渴望、外求中，这非常不利于孩子今后的成长。

妈妈如何保持情绪稳定。

在养育孩子的过程中，妈妈可以通过以下几种方法来保持情绪稳定：

第一个，调整标准和框框。很多时候，妈妈都是因为孩

子没有达到自己的标准而生气。妈妈可以将自己不可接纳的
100 件事情列出来，再挨个仔细分析一下，或许会发现，其
中可能有 50 件事也是能接受的，这样你的坏情绪至少会减
少 30%~50%。

第二个，转移注意力。当自己因为当下的某件事产生不
良情绪时，可以先把这件事放一放，去做其他事，转移自己
的注意力。比如，到户外走一走，给自己留白，没必要什么
事情都解决。

第三个，做适当的运动。可以做一些自己喜欢的、适度
的运动，通过运动，来缓解一下不良的情绪，使自己更冷静
地面对遇到的问题。

第四个，保证充足的睡眠和休息。当一个人休息不好时，
状态就会非常不好，一点小事都会导致情绪不稳定。所以，保
证充足的睡眠和休息，对稳定自己的情绪非常有帮助。

第五个，加强学习，训练内心。妈妈可以根据自己的意
愿和兴趣，学心理学、练瑜伽，或者参加训练内心的课程
等。到一定程度，你能发现万事万物落到心上，都成为一
念。能否看到这一念，然后转念，将是我们做好情绪管理的
关键。这个过程，也就是我们面对和处理自己情绪的过程。

必要的时候，心里可以试着默念类似这样的话："我能
感觉到自己的担忧、焦虑和恐惧，即便如此，我依然爱自
己。这些情绪的产生是很正常的，我允许这些情绪产生、流

淌、消散。"如此默念三遍。当与孩子、丈夫、婆婆产生矛盾的时候，就这样默默地"审视"和"开导"自己。我们去反思，去跟自己说这些话，本质上就是在跟自己做潜意识层面的和解。和解之后，我们就不会再有大量的精神内耗，自身也才会不断变得强大。

妈妈如何帮助孩子稳定情绪。

关于妈妈如何稳定孩子的情绪，这里有几个小技巧分享给大家：

第一个小技巧，知道孩子情绪背后的原因。

孩子情绪不稳定，无外乎几个原因：家长容易"炸毛"，尤其是夫妻都容易"炸毛"，孩子有样学样；家长没有教会孩子管理情绪的技能，因为自己可能都不会管理情绪；孩子的情绪憋得太久，得不到有效缓解。

很多家长认为，闹情绪是不可以的，孩子应该去控制；同时认为，孩子天生就可以控制好情绪。所以，当孩子情绪暴躁时，很多家长只是看到一个暴躁的孩子，而没有看到一个非常可怜的、无助的、内心贫瘠的、渴望被关心、渴望被看见的孩子。

第二个小技巧，让孩子遵循三个原则，并适当地表达自己。

下面关于情绪管理的三个原则，作为家长，在家里不仅要告诫自己遵守，也要引导孩子遵守：

第一个原则，不要伤害自己。无论在什么情况下，我们都要确保自己的身体健康和生命安全，千万不能做伤害自己的事。

第二个原则，不能伤害他人。不能因为自己生气而去打别人、骂别人。这样做表象是发泄情绪，实际是在把自己的压力施加给他人。

第三个原则，不能破坏环境。不能砸、扔和毁坏任何东西。

第三个小技巧，家长要反思自己。当家长用心去感受并看到孩子内心匮乏的时候，心里的那份爱，就开始流淌出来，此时，家长瞬间就能理解孩子委屈和压抑的原因。面对孩子情绪爆发时，首先，家长要有一颗接纳的心。不要否定，不要指责，而是允许它存在，发自内心地去接纳这种现状。其次，家长要安静地陪在孩子身边，必要的话，把手搭在孩子肩膀上，或者抱一抱孩子。最后，家长用自己的话，把孩子的情绪、情绪产生的原因、期望的结果说出来。

说出"对方的感受＋感受的原因＋对方的期待"，当家长按照这个模式去跟孩子共情，讲述孩子内在的感受，尤其是说到孩子心坎里的时候，他的情绪就会开始消融、开始化解，从而得以安定。所以，家长在面对孩子这些情绪时，要去陪伴孩子，让他在情绪跌宕起伏中，得到关爱和保护。那他在未来将更加有勇气去面对生命中的困难和挫折。

第四个小技巧，运用"ABC 认知理论"。

在父母效能训练中主张"谁有情绪谁就有问题，谁有问题谁负责解决"。妈妈有情绪，妈妈就有问题；妈妈有问题，妈妈负责解决。但很多时候，家长总是把矛头指向别人，这是不对的。

有一个应对情绪的方法叫"ABC 认知理论"，即事件 A、认知 B、结果 C。我们的结果 C，即感受和情绪，并不由事件 A 决定，而是由我们的认知系统、信念系统 B 所决定。这里，我想分享两件发生在我身上的事情。

第一件事，丢钱包事件。之前我有一个"陪"了我三四年的钱包，后来我把它弄丢了。当时，我有一个信念："太好了，终于丢了，旧的不去，新的不来。"所以，我又去买了一个新钱包，还买了一个背包和一个电脑包。因为这次钱包丢失的事件，我获得了三个新东西。

第二件事，吃饭被烫伤。有一次，我到楼下饭店去吃饭。当我揭开蒸笼锅盖的一刻，蒸汽一下子把我的手烫了一个大泡。一般人会觉得这是店家的责任，实际上是我自己的原因，我都 30 多岁了，揭个锅盖都会烫伤，怎么好意思找人家。所以，我找店家讲了这件事，并不是要让店家负责任，而是希望他能提醒其他顾客。

同样，妈妈在陪伴孩子的时候，你的情绪起伏那么大，不是孩子导致的，而是你觉得这件事不可控，你担心未来，你选择了焦虑、选择了恐惧。你的认知，决定了你的情绪。

我有一个学员，她的孩子行走坐卧都在看书，她很苦恼，觉得这样对视力不好。但是有些家长会说如果我的孩子能这样，我估计睡觉都得笑醒了。对同样一件事，不同的人有不同的认知，结果和感受是完全不同的。

也许我的孩子不写作业，跟我顶嘴，我会开心地笑。因为我发现，这个小家伙有自己独立的思考，有自己的想法。他未来走上社会，会是一个非常独立自主的人。有这样的孩子，难道不应该开心吗？

最后，我想告诉大家，情绪不可怕，不懂情绪才是最可怕的。家长们也可以想一想，你觉得自己和情绪是一体的吗？

第五节　提升能量，训练那颗心

父母的能量状态对孩子的影响。

能量高的父母，能从正向积极的方面来引领孩子，而不是去批判、指责、要求孩子；能静下心来去感受孩子的需求；他们的言谈举止，也会基于孩子的需求出发，这更有利于让孩子的学习习惯落地，培养孩子的学习能力。

能量高的父母，不会把分数作为自己唯一的期待，而是会看到孩子的综合能力、孩子的优点，会看到能力比分数更重要，精神营养比能力更重要。

所以当父母能量高时，不论是对孩子技能的提高、习惯的训练，还是对孩子心理的成长，都将是有益的。

而能量低的父母，只会指责他人、抱怨他人，不愿意面对自己的问题，也不愿意承认自己的不足，习惯把责任推向别人。

父母能量低，孩子的能量场也会受到干扰和影响。一个孩子刚出生时，能量 100 分，很圆满，如果父母的能量只有 20 分，时间长了，孩子的能量可能会从 100 分降到 20 分，最后表现的直接症状就是：

第一，没有梦想，没有希望；第二，没有斗志，没有精神；第三，稍微遇到一点挫折，就害怕、退缩，甚至自暴自弃；第四，遇到任何问题，总是看到妈妈的错、爸爸的错、老师的错，永远不会看到自己的问题，他觉得自己都很好。

所以，只有家长更加痛苦或者超级痛苦时，他们才能真正意识到自己必须要做调整了，我们才能真正帮助到他们。

家长如何给自己提供能量。

如果家长想要给自己提供一些能量，我建议大家先看向自己，有一个觉醒的意识。如果你真的下决心改变了，我给你两个小建议。

第一个小建议，运动、泡脚、晒太阳、站桩。这些方法，都能够在短期内快速提升你的能量状态。

第二个小建议，学会从走脑到走心，只有这样，才能拥有一个能够持续提供能量的能量池。这里有两个非常关键的方法：

第一个方法，训练内心。找一个目标，比如一朵花，起初每天用一分钟或者三分钟，安静地守护这个目标，之后慢慢延长守护时间。如果守护期间你产生了一些干扰你、弱化你目标的杂乱的想法——我们称之为"猴子"，应对策略是不管它，不要让这些"猴子"干扰你对目标的注意力。

如果有人敲门或者其他什么原因——我们称之为"小偷"，让你"丢失"了目标，应对策略是重新开始。

我们要像守护生命一样守护自己的目标，做到单位时间内惟精惟一。你若能坚持并真做到了，生命都可以发生质的变化，更何况孩子的学习呢？

守护目标的训练，可以提升心的觉察力、控制力、洞察力。当这些力量开始与日俱增的时候，我们再陪伴孩子，就能发现我们非常安定并且有力量。因为你懂得惟精惟一，你懂得单位时间内守护唯一的目标，所有的杂念、干扰、其他事情，就很难影响你了。

比如，我的目标是：接下来的一小时，我要陪孩子写作业。当我有情绪——"猴子"的时候，应对策略——不管它；当别人有事把我叫出去了——"小偷"，我"丢失"了陪孩子写作业的目标，应对策略——重新开始，继续安静地陪在孩子身边。这样，我就能顺利完成我既定的目标。

当守护目标的功夫炉火纯青的时候，不管是陪伴孩子，还是夫妻相处，还是在自身成长的过程中，我们都能做到情绪稳定，一个时间段守护唯一的目标。这时，因为我没有被其他乱七八糟的事物消耗能量，我们的能量自然而然就上升了。

第二个方法，保持"知"。我知道我自己在做什么。比如吃饭，我知道自己在夹菜、咀嚼、喝汤、吞咽，我知道每一个动作，就如电影慢放一样，我知道得清清楚楚。在做事的过程中，要始终保持"知"，但是我们很容易丢掉它。当我们丢掉"知"的时候，如果能够马上觉察，并迅速找回来，继续待在"知"上面，你就会突然发现，杂念少了，甚至没有了，对过去的执念没有了，对未来的担忧、恐惧没有了，一切情绪问题自然也就得到解决了。

人的一生，有很多念头都是杂乱无章的，甚至是无用的、虚幻的，如果不能很好地保持"知"，厘清自己真正追求的东西，就会有过多的担忧和焦虑。只有时刻保持清醒，回到"知"上，回到手头上的事情上，知道自己在做什么、在追求什么，我们的生活才会平稳、祥和、幸福。会"知"，就是用心。

最后，家长们可以想一想，你的心，在哪里？